만다라 미술치료 이론과 실제

| 정여주 저 |

학지사

머리말

몇 년 전, 처음으로 남인도에 여행을 간 적이 있었다. 인도에서 받은 첫 인상은 주황색이었다. 많은 사람이—종교인이든, 여행자이든, 운전사이든, 마을 주민이든, 걸인이든—주황색 옷을 입고 있는 모습에 강한 인상을 받았고, 그것을 통해 영적 상징성을 떠올렸다.

두 번째로 강한 인상을 받은 것은 인도에 도착하고 나서 이틀 후의 아침 풍경으로, 대다수의 집 앞 땅바닥에 흰색이나 몇 가지 색으로 그려진 그림이었다. 필자는 '이것은 만다라가 아닌가!' 하며 반가움과 감탄이 저절로 나왔다. 정교하면서도 유연한 질서가 소박하고도 아름답게 어우러진 땅 위의 그림은 이방인에게는 신비롭고도 경이로운 현상이며 예술 작품이었다.

'누가 그린 것인지?' '왜 그린 것인지?' '언제 그린 것인지?' '무엇으로 그린 것인지?' '오늘이 무슨 축제일인가?' 라는 물음이 머릿속에 떠올랐다. 그런데 다음날 아침에도 같은 장소에 또 다른 그림들이 그려져 있지 않은가! 우연히 집 앞에 앉아 있는 여성에게서 그 그림이 콜람(Kolam)이라는 것을 들었다. 콜람은 해 뜨기 전에 여성이 자기 집 앞을 깨끗하게 청소한 후 땅바닥에 쌀가루로 그림을 그리는 매일의 전통 의식으로, 집안의 번영과 복을 기원하며 불행을 막아 주길 바라는 소망을 표현한 것이라는 것도 듣게 되었다. 이 여성은 새벽뿐만 아니라, 해질 때도 콜람을 그린다고 하였다.

'아! 인도 사람들은 그림으로 기도를 하는구나!' 라는 생각이 들면서, 대지에 그림을 그리는 것으로 일상을 시작하는 소박한 사람들의 의례를 통해 인도인들의 영성적 힘을 느꼈다. 여행 중에 위대한 스승으로 존경받는 구루가 수행하고 있는 아쉬람 문 앞에도 누군가가 콜람을 그려 놓은 것을 보기도 하였다. 필자에게 이들의 그림 기도는 기복적 의례로 보이지 않았고, 대지, 하늘, 자연, 사람, 우주의 모든 존재를 귀하게 여기며 그들과 조화로운 공존을 소망하는 남인도 사람들의 오래된 전통이면서 또한 매일 새롭게 살아가는 신비로운 정신여행으로 보였다. 온전한 삶, 마음의 중심, 위대한 존재에 대한 경외심과 그 존재와 대화하는 인간의 영성을 느끼면서 이러한 의례는 어느 나라, 사찰, 도시, 궁전, 집, 어떤 종교에서도 존재한다는 신화학자 Eliade의 유비쿼터스를 다시 경험한 시간들이었다. 이 책은 그동안 필자가 만다라 미술치료 강의와 워크숍을 했던 내용들을 정리한 것이다. 특히 만다라 미술치료 실습을 하면서 참여자 분들이 진심으로 내적 중심과 영성적 고향을 찾고 있는 과정을 지켜보면서 가슴 뭉클할 때가 많았다. 이 분들을 통해 필자는 더 많은 에너지를 얻었고, 더불어 책을 출판할 용기를 얻게 되었다. 실제편에 소개하는 작품들은 만다라 미술치료 워크숍에 참여하신 분들의 작품으로 지면을 통해 허락을 구하며 진심으로 감사를 드린다. 책을 출판하는 데 항상 격려와 지지를 아끼지 않는 학지사 사장님과 직원 분들, 그리고 편집부 박혜미 담당자 님께 이 자리를 빌려 고마움을 전한다.

2013. 1.

정여주

차 례

Part 2 실제편

Chapter 03 만다라 미술치료 실제 69

Part 1

이론편

Chapter
01 미술치료와 영성

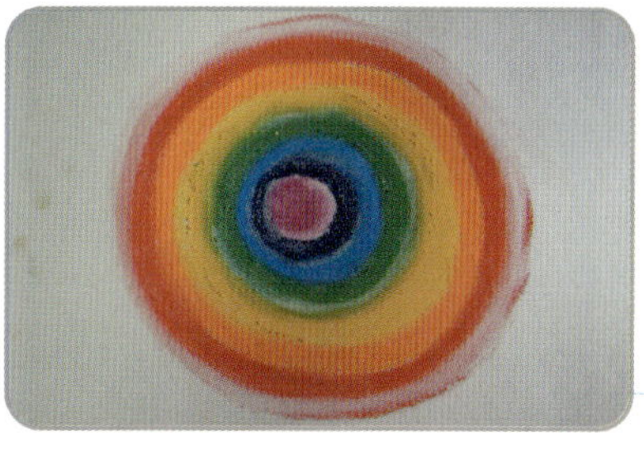

Chapter
02 만다라 미술치료

Chapter 01

미술치료와 영성

1. 내면의 고향
2. 디지털 시대와 영성
3. 영성과 미술치료

1. 내면의 고향

따뜻한 들판에 나가
구름을 바라보다
고단한 눈을 감고
꿈나라로 건너가
어머니께 가고 싶습니다.

오, 어머니는 벌써 내 발걸음 소리 들으셨으니!
타향에서 돌아온 나를
조용히 맞이하시며
나의 얼굴과 두 손을
당신 품에 가만히 안아 주십니다.

어머니는 내가 부끄러움과
쓰라린 비탄으로만 고백해야 하는 것들을
물어보실까요?
아니! 어머니는 웃으시며 오랫동안 그리던
아들이 곁에 있는 것을 기뻐하십니다.

– Hesse 〈어머니의 꿈〉

Hesse는 고단하고 힘든 삶에서 어머니의 품에 안기는 꿈과 고향 풍경 꿈을 자주 꾼다. Hesse는 〈어머니의 꿈(Traum von der Mutter)〉에서 전 생애를 통해 그리워하며 찾았던 마음과 영혼의 고향 풍경을 보여 준다.

왜 우리는 고향을 떠나고, 또다시 고향을 찾는가? 우리의 고향은 어디이며, 어떤 곳인가? '고향 길은 밤에 가도 돌에 채이지 않는다.'라는 말이 있듯이 고향은 익숙한 곳, 편안한 곳이다. 어떤 사람은 익숙하고 편안한 곳에 그대로 머물러 지낸다. 그러나 어떤 사람은 익숙한 곳을 떠나 미지의 세계로 떠나고 싶어 한다. 떠나는 짐 속에는 꿈과 소망이 꾸려져 있다. 떠나는 사람은 고향에서 받은 상처와 고통으로 고향이 더 이상 편안한 곳이 아니어서 되돌아오지 않겠다는 결심을 하며 떠난다. 그러면서도 오랫동안 나그네 생활을 하는 사람은 다시 고향을 그리워하며 귀향을 꿈꾼다.

고향을 찾는 이유와 방식은 사람마다 다양하다. 사람들은 의식적이든, 무의식적이든 고향에서 자신의 존재, 자신의 뿌리를 다시 발견할 수 있다고 믿으며 그곳을 향한다. 내 삶의 출발점, 내 마음, 내 영혼의 고향을 찾는 시도와 향수는 누구에게나 존재한다.

고향을 떠나거나 다시 돌아오는 데는 기대감, 설렘, 두려움, 걱정 등의 상반된 감정들이 뒤섞여 있다. 우리는 일상에서 어려움을 겪을 때마다 떠나고 싶은 욕구가 많아진다. '어디론가 떠나고 싶다.' '혼자 일상을 벗어나고 싶다.' '이곳을 떠나 고향처럼 편안하게 느껴지는 곳에서 쉬고 싶다.'라는 말을 우리는 자주 듣는다. 이는 떠남으로써 마음의 여유, 자신과 주변 사람 및 상황에서 한 걸음 물러서서 자신을 바라보고, 자신을 찾고 싶은 마음의 소리가 아닌가!

고향을 찾는 것은 어머니, 자신의 순수한 마음, 내적 본질을 다시 발견하고 되찾는 것과 다르지 않다. 전설, 신화, 종교, 문학작품에서 주인공들은 자의적이든, 타의적이든 떠남의 운명을 겪게 된다. 주인공들은 이러한 여정에서 수많은 난관, 위기와 고통을 겪으면서 어떤 방식으로든 변화하거나 성숙하여 고향으로 돌아온다. 때론 고된 몸과 마음을 받아 주는 곳은 고향뿐이라는 것을 깨닫고 지쳐 돌아오는 경우도 있다. 카프카의 귀향, 성경의 고향으로 돌아온 탕아, 트로이 전쟁에서 수많은 모험을 거치고 고향으로 돌아오는 오디세우스! 귀향자는 어떤 방식으로든지 변화된 모습으로 삶의 출발점이자 중심인 고향의 의미를 새로운 마음으로 보게 될 것이다.

신화학자 Eliade(2006)는 인간은 어느 시대나 의례를 통하여 태초 혹은 기원에 대한 회상을 끊임없이 반복한다는 사실을 연구함으로써, '이전으로의 회귀'는 최초에 지녔던 존재의 충만함을 회복하는 것이라고 한다. 그는 '이전으로의 회귀'는 민속적 의례뿐 아니라, 개인의 치료에도 도움이 된다는 것을 제시한다. 즉, '개인은 이전으로 돌아가는 퇴행을 통하여 우주창조에 있었던 에너지와 잠재적으로 하나가 되는 총체적 회복'을 할 수 있다. 이전으로 돌아가는 곳, 개인에게 그곳은 '존재의 충만함을 회복'할 수 있는 삶의 출발점이자, 자기 고유한 본성으로 회귀하는 마음의 고향이다.

Küstenmacher와 Küstenmacher(1999)는 여행이란 자기의 본성으로 돌아가는 길이라고 한다. 여행의 목적지는 자기 성장을 위한 도달점이며, 목적지를 떠나 다시 돌아오게 되는 종착점은 바로 우리 정신과 영혼의 고향으로 귀향하는 것과 같다. 삶은 이런 방식으로 끊임없이 우리에게 의식적 · 무의식적으로 여행을 반복하게 한다. Hesse가 꿈꾸는 '귀향'처럼 말이다. 이렇게 반복되는 여행과 귀향은 어머니인 자연과 우주와 하나가 되는 체험이며 자기 존재에 대한 물음인, "신비로운 내면 여행"(Eliade, 1991)이다.

Neumann(1997)은 현대인의 의식구조는 자연적 측면의 전체성과 떨어져 분리되고, 편파적이어서 '인성적으로 경직되고, 심리적으로 변화할 수 있는 가능성이 상실된 상태'에 이르렀다고 본다. 즉, 현대인은 타인에게 평가되고 이끌려 가는 존재로서, 전인적 존재가 아니라 '자기 자신의 일부분으로 전락되었으며, 비자연적으로 되어 더 이상 인간적 전체성으로 자신을 나타낼 수 없다.'는 것이다. 이러한 결과, 현대인은 자신만 생각하는 이기적인 존재로서 전체로서의 자기와 타인, 외부, 세계, 인류에 대해 닫혀 있다고 지적한다. 그러나 Neumann은 Jung을 인용하여, 인간의 심리는 이러한 상황에 직면하면 파편화된 인격은 그대로 있는 것이 아니라, 전체성을 실현하려는 무의식적인 시도를 통해 내적 균형을 이루려

한다는 믿음을 보여 준다.

이러한 상황 속에서 우리가 찾아가고 또 찾아야 하는 것은 존재의 온전함, 전체성을 지닌 본성으로 귀향하는 것이다. 모든 것을 포기하고 싶은 상황에서도 놓지 않아야 할 끈, 실타래는 인간 본연의 자신의 존엄한 품성에 대한 물음이며, 존재의 고향, 마음의 고향으로 귀향하여 자신을 회복하는 길이다. 최첨단 기술과 정보의 홍수 속에서 우리는 다시 미로의 신화를 되새겨야 하는 것은 아닐까? 예를 들어, 미궁에서 희생 제물로 받친 선남선녀를 잡아먹은 미노타우루스를 죽이고는 희생 제물을 찾기 위해 다시 돌아올 수 없는 미로를 들어가는 테세우스의 용기가 필요한 시기다. 또 불가능이 아니라 가능하다는 믿음으로 테세우스에게 실타래를 건네준 아리아드네의 지혜를 배워야 할 시기다.

2. 디지털 시대와 영성

21세기에 들어서 우리는 최첨단 과학과 정보화의 놀라운 속도와 변화에 다른 어느 시기보다 기술의 혜택을 즐기며 감탄한다. 내 손 안의 작은 기계를 통해 터치 하나만으로도 보고 싶은 사람들을 만나고, 즉시 여러 정보를 얻고, 세상의 변화를 보고 읽으며, 세계 모든 사람과 동시에 소통할 수 있다. 정보의 유비쿼터스는 세상의 곳곳을 환하게 비춰 주는 빛과 같다. 마치 마술 쇼를 보는 것과 같은 이 시대에 인간의 창조력에 탄복하지 않을 사람이 있겠는가! 인간이 창조한 디지털 시대를 만끽하라는 메시지가 어떤 시간이든, 어느 곳이든 우리의 전 감각으로 들어온다. 우리는 이러한 편안함을 따뜻한 햇살을 즐기듯 만끽하고 있다.

그러나 이 혜택에는, 모든 것은 시시각각으로 변화하고 그런 변화를 받아들여야 하는 조건이 전제된다. 디지털 제품들은 말 그대로 자고 일어나면 바뀌어 우리는 어느 때보다 급격한 시간 감각 속에 살고 있다. 변화의 속도에 따라가지 못하면 자신이 구식이 되어 뒤쳐진다는 느낌을 받는다. IT 시대의 시간은 과거의 시간 감각과는 전혀 다른 속도로 진행된다. 느린 것, 어제의 것, 오래된 것은 이용가치가 없는 폐기물처럼 처분해야 하는 것으로 여겨진다.

우리가 기술을 개발하지만 기술은 우리의 감각과 시간과 삶을 조종한다. 우리는 이러한 환경에서 살면서 자신도 모르게 항상 새로운 것을 요구하고 있다. 변화에 대한 호기심은 새로운 것을 창출하고 창의력을 높이는 바람직한 현상이다. 그러나 그에 대한 집착이나 새로운 것에 대한 욕망이 때로는 강박관념으로 변하게 된다는 것을 의식하지 못하는 경우가 많다. 이러한 상황에 우리의 생각과 마음이 항상 쫓기면서 결국은 사이버 세계의 아바타가 되어 가고 있다.

고요, 혼자의 시간을 갖는 것은 따분함, 지겨움, 외로움, 소외감과 동의어가 되거나 무의식적으로 피하거나 두려워하는 상황이 되고 있다. 모든 감각은 쉬지 않고 더 자극적인 것을 요구하다 보니 자신의 온전한 감각을 느끼거나 의식할 시간이 없다. 집, 차, 카페, 교실, 산책길, 등반길에서도 언제나 휴대전화 울리는 소리, 전화하는 소리, 휴대전화를 보는 사람들을 만나게 된다. 늦은 밤에도, 새벽에도 문자를 받는 경우가 일상화가 되었다. 일어나서도 제일 먼저 휴대전화에게 인사하는 사람이 얼마나 많은가? 사이버 세계는 자신을 맡길 수 있는 안심되는 공간, 위로받을 수 있는 혹은 자신을 숨길 수 있는 편안한 공간으로 여겨 타인이 필요하지 않다고 믿을 수 있다. 누구를 만나도 상대방의 눈을 마주치며 이야기하기보다 휴대전화에 얼굴을 묻고 대화를 한다. 이중대화가 다중능력으로 여겨지는 현실이다. 이러한 현상은 스마트폰 중독이라는 새로운 정신병리 형태를 만들어 내게 되었다.

우리는 일, 공부, 관계, 지식, 정보뿐 아니라 심리적 갈등 또한 첨단기술의 사이버 시장에서 제공하는 즉각적 해결에 의존하는 경향이 높다. 나의 눈을 바라보고 귀 기울여 들어 주며 공감의 표정을 조용하게 전하는 사람을 만나기가 어려운 시대다. 수많은 정보, 휴대전화 문자 대화가 일상화되어 늘 소통과 연결되어 있으나 우리는 오히려 소통의 부재에 고통스러워하고 있다. 이러한 결과, 오늘날은 의사소통을 강조하는 시대가 되었다. 그에 따라 수많은 의사소통 기술, 방안 등이 제공되고, 이로 인한 사회성 문제를 극복하는 시도가 이루어지고 있다. 이는 가정, 학교, 직장, 사회 모든 곳에 필요하고, 활용되어야 한다는 데에 이견을 가질 사람은 없을 것이다. 그러나 의사소통과 사회성 강조로 조용하거나 침묵을 즐기는 사람들, 내성적인 사람들은 사교성, 사회성, 협동성이 적거나 위축되거나 의기소침하거나 용기가 없는 부정적이라는 인상을 받기도 한다. 이러한 상황에 조용한 사람, 침묵의 여유를 즐기는 사람들은 시대에 뒤쳐진 사람으로 여겨지기도 한다.

디지털 시대에는 극단의 대립이 첨예화되고 있다. 우리는 한쪽 극만 경험하도록 의식적 · 무의식적으로 강요받거나 편파적 존재가 되어 가고 있는 것은 아닌가? 과연 자기 존재의 온전함을 언제, 어떻게 체험할 것인가? 우리는 문득 자신이 도구, 매체로 사용되고 있다는 생각을 하게 될 것이다. 그러한 생활이 일상화되면서 심리적 · 정신적으로는 '허전하다! 무료하다! 나는 어디 있는가? 나는 무엇을 하고 사는가? 왜 늘 마음이 혼란스러운가? 열심히 살고 있는데도 왜 늘 불안한가? 내 인생은 늘 쫓기듯 살아온 것은 아닌가? 나는 누구의 아바타는 아닌가?' 등의 물음이 떠오를 것이다. 우리는 과거보다 풍족한 생활, 편리한 생활을 함에도 내적으로는 불안, 우울 등의 불편한 심리 상태에 내몰리는 상황이 많다.

어느 날, 불현듯 '마음과 몸과 정신이 온전히 나로 살고 있는가?' 하는 소리가 마음 깊은 곳에서 들려올 것이다. 오가는 길에 저 나무가 있었다니? 저 꽃들이 피어 있는 것을 왜 이제야 보았지? 저녁 하늘이 저렇게 아름다운 색으로 물들다니! 사과의 달콤하고도 싱싱한 맛과 빛깔이라니! 파도 소리가 마치 엄마의 자장가 같구나! 겨울 나무가 이렇게 대단해 보이다니! 그림을 보는데 왜 가슴이 뭉클하지? 내 이야기에 귀 기울여 준 사람은 누구였던가? 나는 그런 적이 있는가? 누군가 마음을 다해 나를 포옹해 준 적이 있는가? 또 나는 그런 적이 있는가?

마음속 소리를 듣는다는 것, 내 안에 그런 내적 공간이 있다는 것을 의식하는 순간, 우리는 이미 존재의 온전함으로 돌아가는 내면 여행을 시작하고 있다. 그것은 심리적 탐색만이 아니라 우리가 본래 지니고 있었던 영성의 깨어남이기도 하다.

오늘날 영성에 대한 관심, 더 정확하게 영성에 대한 그리움은 첨단기술의 맹목적 의존에 따른 자연스러우면서도 필연적인 결과다. 영성에 대한 향수는 인간이 자신, 타인, 자연, 우주와 분리된 존재가 아니라 하나로 연결된 존재, 통합된 존재이며, 아바타가 아닌 주체로서의 자기 자신을 찾는 의식적 · 무의식적인 현상이다.

심리학에서도 Maslow(1985)는 자아초월 심리학을 '제4의 세력'으로 명명함으로써 기존의 정신분석, 행동주의 심리학, 인본주의 심리학에서 확장된 개념으로 제시한다. 자아초월 심리학 및 심리치료는 기존의 각 심리학 영역에서 다룬 것을 포괄적으로 다루면서, 이제까지 심리학, 심리치료 방향이 한계에 부딪혔던 점을 극복하고자 하였다. 자아초월 심리학은 1960년대 말에 미국에서 출발하여 Sutich, Grof, Maslow, Charles Tart, Vaughan, Walsh, Wilber 등의 대표적 학자들이 이론을 발전시켜 나갔다(Walsh & Vaughan, 1987). 자아초월 심리학의 중심개념은 비이원성, 자기초월, 긍정적 인간발달과 정신건강이며, 이러한 것들을 실제로 경험하는 데 중요한 요인으로 명상과 요가, 의례를 꼽는다.

자아초월 심리학은 과거의 심리학 이론을 보완 · 수정하여 발전시킨 것으로, 중요한 점은 인간이 영적 존재라는 것을 전제로 하면서 기존의 심리학, 심리치료가 간과하고 있는 인간의 영성을 깨우는 것을 강조한다. 자아초월 심리학에 근거한 심리치료에서 인간은 우주의 일부분이며, 우주와 일체감을 느끼고 시공간의 한계를 넘어 의식을 확장하는 존재라는 점을 중요시하는데, 여기에 영성 의식이 근저를 이룬다. Jung의 개별화,

Dürkheim의 주도적 길, Neumann의 중심화 개념은 완전성으로 가는 방법으로 알려졌다(Thies, 1995 재인용).

Elkins(1999)는 영성이 인간의 행복과 정신건강에 핵심이라는 것을 강조한다. 그는 관조, 명상, 기도, 의례와 같은 영성 훈련은 인간 정신의 가장 심오한 수준, 세속적 중재가 닿을 수 없는 수준에 있는 '생명의 힘'을 열어 주는 것으로 본다. Cascio(1998)는 상담과 정신치료 현장에서 영성을 다루는 것이 중요하다는 것을 강조한다. 그는 근래에 정신병리와 관련하여 정신장애편람 IV(DSM IV)에서도 '종교적 혹은 영적 문제'를 다루게 되었다는 것을 지적하며, 이러한 현상은 내담자의 삶에서 종교와 영성 역할의 중요성을 인식한 것으로 받아들인다. 이는 21세기에 건강의 정의를 재정립하려는 세계보건기구(WHO)의 노력과 무관하지 않는데, 그 중심에 영적 안녕(spiritual well-being)을 추가하여야 한다는 의견이 지배적이다(http://www.who.int). 예를 들어, 호주 원주민들은 '건강은 개인의 신체적 안녕만을 의미하는 것이 아니라, 전체 공동체의 사회적 · 정서적 · 영적 · 문화적 안녕과 관련' 있다고 함으로써 '공동체 건강과 영적 안녕의 건강을 정의하는 핵심관점'으로 둔다. 또한 노벨평화상을 받은 Desmond Mpilo Tutu 주교는 2008년 61회 세계보건회의 연설에서 건강은 신체적 · 정신적 · 사회적 안녕뿐 아니라, 영적 안녕도 포함해야 된다는 것을 강조하였다.

Shafranske(2000)는 정신과 의사를 대상으로 영성 관련 조사를 하였는데, 80% 이상의 의사들이 '영성'은 의사 자신의 삶에서 중요하거나 아주 중요하다는 답을 했다고 결과를 제시하였다. 49%의 의사들은 임상현장에서도 내담자와 자주 혹은 많은 시간을 영성 주제에 할애한다고 하였다. 그는 이 결과에서 내담자만이 인생의 목적과 의미를 찾기 위해 영성 주제를 다루길 원하는 것이 아니라, 치료사도 인생의 의미와 성취 그리고 삶의 균형을 찾고 있고, 또 찾아야 한다는 것을 보여 준다.

그러나 영성은 치료 상황에서 접근하기 어려운 주제이기도 하다. Cascio

(1998)는 상담과 치료현장에서 영성을 다루는 것이 어려운 것은 영성을 종교와 결부시켜 사용하는 데서 오는 혼란이라고 본다. 그는 영성학자들의 견해에 따라 영성은 삶의 의미와 목적과 우주의 기능에 대한 믿음, 개인적 도덕 코드와 같은 주제를 찾는 내적 현상이며, 초월적 차원과 더 위대한 어떤 존재와 연결되기를 바라는 것까지 포함한다고 주장한다. 이러한 관점을 종합하여 Cascio는 영성은 혼돈스러운 현실에서 질서, 연결성, 의미를 창조하고자 하는 인간의 근본 욕구로 본다. 그는 이러한 이유에서 정신건강 관련 일을 하는 사람들은 내담자의 병리적 문제에 초점을 두기보다 내담자의 자원과 긍정적 면을 찾아야 한다는 것을 제시한다.

3. 영성과 미술치료[1)]

예술이 지닌 영성은 원시시대부터 알려졌다. 음악, 춤, 그림 등은 제례의식에서 중요한 도구였다. 이 시기에 예술의 역할은 의례, 병 치료, 악령 퇴치 등의 주술 행위와 관련이 깊어 숭배나 악령을 달래는 주 기능을 하였다(Read, 1998). 이러한 역할 때문에 주술사는 예술가, 치료사와 동일시되었다. Stevens에 의하면 원시미술은 '종교적 사상과 정신적인 경험에 의해 깊은 영감'(Adam, 1999 재인용)을 받았기 때문에, 선사시대부터 예술과 정신활동의 밀접한 관련성을 지녔다.

Gogh는 친구에게 보내는 편지에서 "예술은 기술, 지식, 교육보다 더 위대하고 고차원적"(Van Gogh, 1999)이라고 하면서 다음과 같이 전한다. "예술이 사람의 손으로 만들어졌다는 말은 사실이지만, 단지 손에 의해서만 이루어졌다고 할 수는 없네. 더 깊은 원천으로부터, 바로 사람의 영

1) 한국초월 · 영성상담학회 2011년 연차학술대회 '영성과 예술치료의 만남' 중에서 정여주 「예술치료와 영성」(pp. 13-25) 일부 발췌 및 변경.

혼으로부터 솟아나온 것이 아닌가." 또한 그는 "나에게 그림을 그리는 일은 구원과 같다."라고 말함으로써 예술이 영혼을 치유할 수 있다는 것을 자기 체험을 통해 전하고 있다.

예술과 영성, 예술을 통한 치료 혹은 치료에 예술 매체와 표현방식을 사용하는 것은 인류역사 초기부터 존재해 왔다. 그러나 예술의 역할과 가치는 시대를 거치면서 다양하게 변하였다. 예술의 치유적 관점은 20세기에 들어서 다시 대중적 관심을 받게 된다. 20세기에 반문명, 반합리적 예술운동이 전개되면서 예술은 정신의 해방, 인간의 근원적 욕구, 내면 상황 표현을 중시하고, 또한 무의식의 내용과 역동을 다룬 심층심리학에 대한 관심이 증가하면서 예술의 치료적 역할과 기능에 대한 물음이 새롭게 제기되기 시작하였다(Richter, 1984).

또한 자아초월과 영성 주제도 20세기 후반부터 심리치료에 자리 잡고 있다. 미국미술치료협회(AATA)도 1995년 미술치료의 새로운 정의에서 미술치료가 인간발달과 심리학 이론의 지식에 근거를 둔다는 관점에서 교육적 · 정신역동적 · 인지적 접근과 더불어, 초월적(transpersonal) 용어를 첨가한다(The Journal of the American Art Therapy Association, 1995). 이러한 점은 미술치료 임상에서도 자아초월 심리학과 이를 기반으로 하는 심리치료 관점을 받아들여 미술치료의 근거를 보완 · 정립하려는 시대적 흐름이라고 본다. 이는 정신분석적 · 인본주의적 접근에 대한 확장되고 다면화된 형식으로서 자아초월 심리치료가 생성되었듯이 미술치료에서도 이러한 접근에서 발전, 확대된 것이라고 본다.

Malchiodi(2002)는 미술치료의 자아초월 접근은 미술표현, 인본주의적 원리, 몸과 마음의 개념과 관조와 명상과 같은 영적 훈련을 결합함으로써 마음과 몸과 영혼을 다루려는 것으로 규정한다. Franklin(2007)은 자아초월 미술치료에 두 가지 방법이 있는데, 치유와 건강에 초점을 두고 미술을 명상의 방법으로 사용하는 것과 미술치료를 통한 영적 체험을 하는 것으로 소개한다.

이러한 점에서 미술치료, 특히 Jung의 관점에 근거한 미술치료의 접근은 이미 내담자의 영성적 · 초월적 측면을 다루어 왔다. Jung은 적극적 상상과 미술활동에서 표현, 상징, 만남 과정을 통하여 한 개인이 어떻게 통합된 인성, 개성화로 이르는지 보여 준다(Jung, 1962). 의사 Siegel(2002)은 죽음을 눈앞에 두고 있는 환자가 그림을 통하여 표현하는 상징과 창의적 활동으로, 수용, 사랑, 영성적 지혜를 깨쳐 가는 치유 과정, 즉 자아의 초월적 과정의 사례를 인상 깊게 전한다. Bach(1995), Furth(1988), Malchiodi (2002), Fincher(1991), Henzler와 Riedel(2003)도 암환자, 중환자 혹은 상실과 결별의 고통을 겪는 내담자들이 미술치료를 통하여 어떻게 영성적 변화, 자기초월을 경험하는지 보여 준다.

예술의 초월적 관점은 Schiller(1965)가 그의 저서 『인간의 미적 교육에 대하여(Über die ästhetische Erziehung des Menschen)』에서 예술은 인간의 감정을 순화하여 초월적 경지인 최고의 자유에 이르게 하는 수련이라고 보는 것에서도 찾아볼 수 있다. 이는 Baba가 예술과 영성의 관련성에서 예술은 인간에게 내적 삶을 열어 줄 것이며, 그림을 그리면서 모든 것을 잊는 것은 그리는 사람의 ego가 감소하고, 그 자리에 무한한 사랑이 나타나며, 사랑이 창조되면 신에 이르게 됨으로써 예술이 어떻게 무한한 신을 발견할 수 있는가를 알게 된다(Malchiodi, 2002 재인용)고 주장한 점과 같은 맥락이다. Baba에 의하면, 예술적 창의성이 지니는 주된 목적 중의 하나는 영적 수련, 우리의 진정한 본성과 삶의 의미를 깨우는 길이다.

이러한 점을 통해 자아초월 미술치료의 개념은 인간이 지닌 영성과 창의적 능력을 근거로 하여 미술을 통해 마음과 몸과 영혼의 조화, 자아초월과 더불어 우주와 합일 체험으로 방향 지워진다. 자아초월 미술치료에서 영적 훈련 및 경험을 중요한 요인으로 보는 것과 관련하여 Malchiodi(2002)는 예술은 영혼의 진정한 언어이며, 영적 경험의 진수를 나타내는 거울이라고 강조하면서 예술행위를 영적 기술만큼 영혼을 깨울 수 있는 수련으로 본다. 또한 예술 활동은 인간의 창의적 힘을 발전시키고 강화하는 것을 도와

주는 경험이며, 치유적 잠재능력을 깨워 준다고 주장한다.

미술치료는 신체적 병 혹은 장애, 심리적 · 정신적 · 영적 갈등을 다루는 것으로, 현재 내담자의 삶의 방식, 손상, 고통 및 가능성 그리고 회복에 방향을 둔다. Petzold와 Orth(1991)는 인간을 '육체적 · 영적 · 정신적 존재이며, 삶에서 의식적 · 무의식적 노력을 하고, 사회적 · 생태적 조건과 연계를 이루는 전체적 존재'로 보면서 예술치료를 시도한다.

Petersen(2000)에 의하면, 예술치료의 목표는 내담자가 건강을 찾아 다시 완전히 기능하는 인간이 되도록 하는 것이 첫째가 아니라, 환자나 고통 받는 자가 자신의 운명을 창의적 · 적극적으로 다루도록 도와주는 것이다. 여기에는 의학적 관점에서 건강이 회복되지 않을 때나 신체적 고통을 회복할 수 없는 상황에서도 가능하다. 이는 신체적 병만이 아니라 정신적 · 영적 문제를 극복하게 하는 관점으로, 인간 존재에 대한 전체적 관점을 중요시하는 배경을 볼 수 있다.

의식의 스펙트럼을 제시하며 통합사상, 자아초월 심리학의 발전에 기여한 Wilber(2007)는 인간 존재는 온 우주와 전일적 관계를 맺는다는 주장을 명쾌하게 제시한다. 그는 인간 의식의 전 스펙트럼에 필요한 세 가지 가치로 예술, 과학, 도덕을 제시하며, 이 세 가지의 가치영역이 통합되어 '다양성 내의 통일(unity-in-diversity)'에 이르는 것을 추구한다. Wilber는 통합을 위한 네 단계로 감각운동, 마음, 혼, 정신(영) 수준을 제시하면서, '예술은 각 수준의 특징에 심미적 인식을 위한 주제가 됨으로써 수준마다 독특하게 각인시킨다.'는 것을 미술을 예로 들어 설명한다. 즉, 감각운동 영역을 사실주의, 인상주의에서 출발하여 초현실주의, 계시, 비전, 원형의 시각화를 넘어 무형상의 내용과 비이원적 의식으로 인도되는 초월적인 심오한 수준의 영의 수준으로 구분한다. Wilber는 존재의 모든 수준에서 예술을 중요한 영역으로 보며, 중요성을 다음과 같이 강조한다. "예술은 영이 그 특유의 현현(顯現) 각각의 모든 수준에서 그 스스로를 독특하게 표현하는 것으로서의 영의 미(the Beauty of Spirit)다.

예술은 주시자의 눈 속에 있고, 주시자의 나 속에 있다. 예술이란 바로 영의 나다." (Wilber, 2007)

인간에게 '생명의 힘'을 열어 주는 영성 훈련은 예술치료에도 중요한 과제가 되고 있다. Campbell은 예술의 기능을 인생에 주어진 단편적 시간에서 영원을 체험하는 것임을 강조한다(Campbell & Moyers, 1992). 우리는 어떤 예술작품을 보거나 들으면서 그것에서 뿜어져 나오는 힘 혹은 영성적 목소리가 시공간을 초월하여 문득 자신에게 생생하게 전달되는 것을 경험한 적이 있을 것이다. 이는 소박한 일상에서도 만날 수 있다.

Malchiodi(2002)는 창의적 예술 활동의 주된 목적 중의 하나는 영적 수련이며, 예술을 통한 영적 수련은 우리의 진정한 본성과 삶의 의미를 깨우는 방법이라고 한다. 또한 Malchiodi는 인간은 예술 표현을 통하여 그 안에서 신성한 본성과 영적 지혜와 깊이 연결되며, 예술작업은 고백과 평화의 길이라는 것을 강조한다. 이러한 점에서 예술치료에서 영성을 다룰 때는 인간의 전체성과 영적 존재로서의 본질을 보고, 이를 탐색하여재발견하는 것이 전제된다. 예술을 명상의 도구로 사용함으로써 예술치료를 통하여 영적 체험을 하는 것이다.

예술치료의 목적은 삶의 위기에서 와해, 붕괴, 손상된 마음과 정신과 영혼을 고통과 대립이 아니라 통합으로 연결되도록 촉진하는 역할을 한다(Schibler, 1999). 예술치료에서는 내담자가 고통을 소리, 미술, 동작, 몸짓, 언어, 음악 등으로 표현할 수 있도록 제시한다. Schibler에 의하면 예술은 개인의 고통에 목소리를 빌려 주며, 자기 붕괴의 고통과 혼란을 표현하고, 이를 통하여 고통과 스스로 맞서게 도와준다. 즉, 예술을 통하여 고통을 춤추고, 고통을 그리고, 시로 표현하는 것은 직접적으로 고통과 대면하고 고통에게 자신을 맡기는 것이라고 한다. 이때 치료사는 내담자가 이러한 고통을 겪는 동안 그를 위해 '그곳에 있는 것'이다.

예술치료에는 영적 수련을 동반하는 예술치료사가 중요한 역할을 한다. Petersen(2000)에 의하면 치료적 도움이란 내담자가 자기 자신이 되도록 하는 것이며, 이때 예술치료사는 통합과정을 이루어 가는 인간을 돕기 위하여 예술을 이용한다. 여기에 예술치료사는 내담자에게 예술을 매개로 하여 자신의 고통을 표현하도록 제안함으로써 내담자는 절망과 절규를 표현하고, 동시에 기쁨의 노래를 하게 되는, 즉 내담자에게 초월의 가능성을 주게 된다. 인간의 창의성, 예술 활동, 상상력이 하나가 될 때 초월이 이루어진다(Malchiodi, 2002).

또한 Schibler(1999)는 예술치료에서 창의적 예술 활동 자체에 치유적 잠재능력이 있어 그것으로 충분할 수 있지만, 그와 더불어 활동에 대한 열린 대화, 즉 창의적 피드백, 나눔 등의 표현 기회도 중요한 역할을 한다고 강조한다. 이에 따라 고통, 죄책감, 신앙고백, 감사의 감정 등을 일으키는 영성 면을 용이하게 받아들일 수 있다는 것이다. 즉, 영성을 다루는 예술치료는 높은 수준의 초월적 관계에 대해 개방되어 있으며, 이러한 개방성은 영성과 연결된다는 것이다.

Chapter 02

만다라 미술치료

1. 마음과 영혼의 중심: 유비쿼터스 만다라
2. 내면의 고향 찾기
3. 치유 원리, 치유 과정, 치유 효과
4. 만다라 미술치료 상징
5. 만다라 미술치료에서 만나는 질문

1. 마음과 영혼의 중심: 유비쿼터스 만다라

만다라는 고대 인도 산스크리트어로 '원(圓)'을 의미한다. 원은 원시시대 동굴벽화부터 시작하여 시공간을 넘어 모든 문화권에서 종교 의례와 우주관을 표상하는 가장 잘 알려진 상징 형태다. 예를 들어, 태극도, 불교 만다라, 팅가리 의례용 그림, 북미 원주민 의학바퀴, 인도의 태양상징 벨라 쿨라 가면, 나바호 모래그림, 뉴기니 태양반(太陽盤) 등이 있다. 우리는 원을 말할 때, 둥근 형상을 먼저 떠올리는데, 둥근 형상에는 중심점이 있다는 것을 잊어서는 안 된다. 원은 중심과 동의어가 된다.

Eliade(1961)에 의하면, 고대부터 신성한 장소, 사원, 제단은 그 자체가 세상의 중심이고, 소우주이며, 세상의 거울이다. 그는 중심의 상징은 원이며, 원의 대표적인 존재는 '만다라'인데, 만다라의 형태는 원이거나 정사각형 안에 있는 원으로, 색실이나 색 쌀가루로 땅에 그려진 것이며, 탄트라 신들의 다양한 신성이 질서정연하게 배치되어 있다고 한다. 이러한 공간형상은 마음의 방향성을 이해하고 싶은 인간 욕구와 만다라의 신성한 힘을 지닌 우주와의 합일에 대한 소망을 상징적으로 나타낸 것이다(김용환, 1998; Jaffé, 1982).

Campbell은 불교 만다라의 중심에는 "힘의 근원이자 깨달음의 근원인 신"이 있으며, "주변 이미지는 그 신의 드러남(顯現) 혹은 그 신이 지니는 빛의 측면"(Campbell & Moyers, 1992)이라고 한다. 불교에서는 '신'의 용어를 사용하지 않는데, Campbell이 말하는 신은 완전성을 상징하는 부처다. 불교회화에서 볼 수 있는 만다라는 중생들이 부처의 가르침을 쉽게 받아들일 수 있도록 그려졌으며, 수도승들이 만다라를 그려 명상수련을 하는 것은 잘 알려졌다. 또한 불교사찰에는 만다라 형태를 이루는 건축구조가 많은데, 이는 누구나 부처의 가르침을 듣고 실천함으로써 성스러운 공간에 들 수 있다는 것을 상징적으로 보여 준다. 대표적인 만다라 형태의 사원으로는 세계문화유산인 인도네시아의 보로부두르 사원을 들 수 있다. 만다라 구조를 띠는 한국 사찰은 불국사 가람 양식, 송광사 등이 있으며, 석굴암 내부도 아름답고 웅장한 만다라 형상이다(허균, 2000; 홍윤식, 1996).

만다라는 종교화나 건축양식뿐 아니라, 의례나 질병의 치유, 민속놀이 등에도 적용된다. 만다라는 산스크리트어이나 '원' '중심'의 의미에서 어느 민족에게나 다양한 양식으로 표현되는 보편적 상징 언어다.

동심원들은 선불교에서 깨우침의 가장 높은 수준, 모든 정신적 힘의 조화를 상징하며, 기독교에서 원은 다양한 정신적 단계를 상징화하거나 창조의 다양한 단계를 상징화한다(Becker, 1998). Rosenberg(1975)에 의하면 '중심이 주제가 되는 그림은 그림 안에 수단과 목적을 요약하고 집중적 원을 따라감으로써 감상자에게도 집중과 마음을 모아 주어 중심을 잡는 효과'를 준다고 한다(Schmeisser, 1997 재인용).

불교에서 만다라 그리기와 만다라 그림 명상은 수행 과정에서 영성적 심상이 가시화(김용환, 1998)된 것으로 보는 것과 같은 관점은 기독교에서도 나타난다. 대표적으로 12세기 독일의 수녀원장이며, 신비가, 예언가, 저술가, 예술가인 Hildegard von Bingen은 신을 통하여 보고 듣게 된 비전에서 신이 창조한 모든 것은 서로 깊은 관련성을 가지고 있으며, 신과 우주, 인간과 우주를 분리시킬 수 없다는 것을 알, 동심원, 원 형태의 그림을 통하여 보여 준다(Kastinger Riley, 1998). Fox(1985)는 Hildegard의 만다라 비전은 인간을 존재의 깊은 곳으로 초대하며, 자신의 내면에 항상 있었던 것을 알도록 깨우쳐 주는, 즉 자기 인식의 초대 상징으로 본다. 이는 Jung(1962)이 만다라 그리기 활동과 꿈에서 본 만다라 경험을 통하여 만다라는 중심이며, 모든 길을 표현하는 중도(中道)이고, 개성화로 가는 길을 상징하는 것으로 보는 것과 같은 맥락이다.

만다라는 '신적 존재의 모형도'를 제시하는 우주 묘사도이며, 인간의 내면을 반영하는 정신 묘사도(Eliade, 1961; Fiala, 1997)이고, 영적 중심을 찾아가는 과정의 표현(Riedel, 1985)이다. 또한 만다라는 하늘과 땅을 안고 있는 위대한 여신과 같은 위대한 원(Neumann, 1974)이다. 이러한 점에서 우리가 살고 있는 지구도 살아 움직이는 만다라의 힘을 지닌다. 여기에서 공통적인 것은 만다라, 원의 이미지를 통하여 영성, 신령한 힘을 불러일으키려 하였고, 초월적 삶, 정신의 집중, 삶의 균형을 얻으려 하였다(Malchiodi, 2002).

Eliade(1961)는 인간의식에 있는 근원적 상징들을 재활성화기 위해서는 내면화된 만다라를 찾는 개인의 경험이 필요하다고 했는데, 이는 모든 인간은 의식적 · 무의식적으로 자신의 중심, 즉 신성함을 발견할 수 있는 중심을 찾는 경향이 있다는 것에서 출발한다. Eliade는 인간 내면에 깊이 뿌리 내린 이러한 중심, 신성한 마음을 세상의 중심에서 찾으려는 소망은 동시에 여러 곳에 존재하는 유비쿼터스이며, '파라다이스에 대한 향수(nostalgia for Paradise)'라고 한다. 그는 현대인들의 형이상학 및 종교에 대한 무관심, 상상력 결여, 진리탐구에 대한 부재 경향은 중심에 대한 물음을 묻지 않는 데서 연유한 것이라고 강조한다.

원의 상징 언어로 사용되는 만다라는 학문적으로 종교학과 심리학에 보편적인 개념으로 발전하였으며(Kast, 2002), 심리치료, 예술치료에도 중요한 역할을 하는 치료적 개념에 적용된다. Jung(2006)은 라마교의 큰 스님에게서 만다라는 적극적 상상을 통해 서서히 만들어지는 내적 표상, 즉 정신적 표상(geistiges Bild; imago mentalis)이며, 인간이 정신적 균형을 찾고자 할 때 나타나며, 어떤 만다라도 같은 것은 없다는 것을 듣고, 만다라 개념을 그의 심리치료에 적용하였다. Jung은 저서 『황금 꽃의 비밀』에서 만다라 그림에는 태고의 마술적 영향이 숨겨져 있는데, 그것이 원래 '보호하는 원' '영향권'의 상징을 지니고 있기 때문이라는 것이다(Jacobi, 1977 재인용). 그는 이러한 영향력을 지닌 만다라는 인간을 개인의 성스러운 영역으로 이끌어 주고, 액운을 방어해 주는 목적을 지니고 있으며, 아시아권에서 만다라의 중심은 '황금 꽃'이며, 서양에서는 특히 치료 과정에서 '천상의 열쇠' '최고의 기쁨을 주는 영역' '영원의 나라' '의식화와 삶을 만들어 내는 제단'으로 불린다고 한다.

2. 내면의 고향 찾기

수천 년 동안 '정신 연습'(Eliade, 1961)으로 알려진 만다라 그리기 의례는 마음, 정신의 중심인 고향을 찾아가는 여정과 같다. 중심을 향하여, 혹은 중심에서 출발하는 만다라 작업을 통하여 우리는 존재의 고향을 떠났다가 다시 '존재의 충만함'이 깃든 고향으로 되돌아간다.

만다라 그리기는 자신의 본성인 선남선녀를 찾으며 자기 속의 부정적인 면, 미노타우로스를 없애러 가는 여정에 비유할 수 있다. 만다라 작업은 내면 깊숙하게 자리 잡고 있는 자신의 본성인 지혜의 끈을 잡고, 변화되어 돌아올 것을 믿는 자기와의 만남이다. 고향을 떠나 많은 고통을 겪으며 변화되어 다시 고향으로 돌아오는 귀향길, 중심을 향해, 충만한 존재인 자기 본성을 되찾는 의례가 만다라를 그리는 것이다.

만다라 그리기는 자신의 삶을 돌아보고 다시 출발하는 정신의 산책길, 즉 내면 여행이다. 내면 여행의 준비가 되어 있는 사람이라면 누구나 다가갈 수 있다.

Jung(1962)은 인간의 영성과 자아초월의 중요성을 강조하면서 이를 집단무의식과 원형의 관점에서 연구하였는데, 여기에서 만다라가 중요한 주제로 제시된다. 예술을 표현하고 체험함으로써 정신적 · 심리적 질서와 균형을 찾고, 나아가 영성적으로 다가가는 방법으로 만다라를 통한 미술치료를 제시할 수 있다.

Jung은 혼란스러운 심리적 상태에 만다라를 그리게 된 개인적 체험을 통하여, 만다라 그리기를 통한 심리적 안정 및 영성적 성장을 제시한다.

그러나 그는 만다라를 그리는 처음에는 모든 것이 낯설어 많은 어려움을 겪는다고 한다. 그는 환자들이 초기의 어려움을 극복하고 만다라를 그리게 되는 과정을 그의 저서 『심리학과 연금술』(2006)에서 상세하게 분석하였다. 그는 만다라는 '영원한' 현존의 원형으로 누구에게나 존재하지만, 개인의 의식에 분명한 형태로 나타나는 경우는 드물다는 것을 언급하면서 자기실현 가능성의 어려움도 전한다.

Malchiodi(2002)는 인간은 살면서 혼란에 빠져 아무것도 분명한 것이 없어 보이는 시기에 인생의 성스러운 부분과 질서를 찾기 위해 중심을 발견할 필요가 있는데, 그 방법이 바로 만다라를 그리는 것이라고 안내한다. 만다라는 자신과 자기 영혼을 위한 중심 공간과 같은 것으로 영성적 특성을 지니기 때문이라는 것이다. 그녀는 개인이 자발적으로 그린 만다라는 내적 자기를 반영하는 것으로 변화와 초월을 위한 잠재력을 상징하며, 꿈이나 자발적인 예술 활동에서 만다라 이미지가 갑자기 나타나면 그것은 일반적으로 새로운 자기인식을 향한 움직임을 가리킨다고 한다. Riedel도 미술치료에서 내담자가 영성적으로 변화되면서 만다라 형태의 그림을 그리는 경우와 거꾸로 만다라 형태가 그림에 나타나면서 치유적 변화를 보이는 사례를 상세하게 묘사했다(Henzler & Riedel, 2003).

이러한 흐름에 만다라 미술치료와 영성의 관련성에 대한 관심과 사례가 호스피스, 죽음, 상실과 애도과정, 자기 성장, 영성 수련 등에서 이루어지고 있다. 그러나 만다라 미술치료와 영성 관련 주제에 대한 논의는 아직 미진한 편이다. 아직도 영성 분야를 종교적 영역으로 제한하여 목회자, 수도자들의 영역이라고 보는 경향도 있다. 특히 만다라는 불교용어로 잘 알려져 특정 종교에만 국한된 것으로 여기기도 한다. 이러한 점에서 영성과 관련한 미술치료를 보다 심도 있게 고찰할 필요가 있다. 이는 특히 불안, 허무감, 우울감, 상실감, 스트레스가 많아 삶의 중심, 온전한 자기, 통합된 전체로서의 자기를 찾고자 하는 내적 욕구가 강한 현대인에게 중요한 주제이기 때문이기도 하다.

3. 치유 원리, 치유 과정, 치유 효과

중심을 상징하는 만다라는 종교적 · 문화적 중요성을 지니고 있으면서도 개인의 삶에 깊이 자리 잡고 있는 마음의 고향이며, 어머니와 같은 존재다. 만다라는 정신의 영양분을 공급해 주는 젖줄이며, 원만함, 완전성을 회복시켜 줄 수 있는 신비를 지니고 있다. 여기에 만다라가 내적 성장의 동인이며, 치유의 원리를 품고 있음을 발견할 수 있다.

정신건강의 회복을 위한 심리치료에서 인간의 정신적 · 영성적 성장을 간과해서는 안 된다. 이러한 잠재력을 회복하기 위한 접근에 명상과 예술이 중요한 요인이 된다. 만다라 명상과 만다라 그리기 및 제작은 정신건강의 회복뿐 아니라, 잠재된 성장 가능성을 경험하고 재확인하는 자기 치유의 몫을 자체에 내포하고 있다.

만다라 그리기 과정은 개인에게 자신이 항상 우주와 연결되어 있다는 사실을 깊이 체험할 수 있게 한다. Campbell은 만다라가 우주질서의 원리에 해당하기 때문에 "만다라를 그리는 사람은 자신의 개인적인 원을 우주적 원과 상호작용" 한다고 말한다(Campbell & Moyers, 1992). 그는 이러한 원리에 따라 만다라 그리기를 제안하는데, 그것은 "우리 삶의 흐트러진 여러 측면을 한자리에 모으는 훈련방법" 으로 "두려움과 욕망을 버리고 우리가 시작되었던 바로 그 한 점" 으로 돌아가서 중심과 근원이 되는 생명의 원천을 발견하기 때문이다. Riedel(1985)에 의하면 만다라를 그리는 것은 개별적인 것이 우주적 생명의 포괄적 리듬에 연결되고자 하며, 결코 길을 잃고 혼란스러워지는 것이 아니라, 길을 잃지 않고 항상 다시 올 수 있는 중심이 있다는 것을 체험하는 과정이다.

Küstenmacher와 Küstenmacher(1999)는 인간이 삶의 내적 목표인 중심을 발견하지 못하면 내면의 일치감을 느끼지 못하여 고통과 스트레스를 받으며 자신에게 낯설어지는데, 이에 대한 극복 방안으로 만다라 그리

기를 권유한다. 만다라 그리기는 단순한 반복, 단순히 중심으로 되돌아오는 것이 아니라, 스스로 창의적 원, 중심으로 향하고 변화 · 성장하여, 세상의 창의적 원리의 한 몫을 얻기 때문이라는 것이다.

Jung(2006)에 의하면 만다라 형태는 정신의 구조 원리로서 중심이 있으며, 과정과 목표가 통합되는 동심원의 안배를 통하여 명상과 만다라 그리기를 하는 사람에게 집중하며, 중심을 만들게 하는 효과를 준다. 따라서 구조화된 만다라 그리기 연습은 불안정하고, 혼란스러운 정신상태를 자석과 같이 중심으로 끌어 주는 영향력이 있다. Jung은 수년 동안의 경험을 통해 정신장애 환자들이 자신의 정신적 움직임이나 문제를 만다라 형상으로 표현하는 것은 정신의 본질인 '내적 질서'와 '내적 법칙성'을 상징적으로 나타내는 것이라고 한다. 그는 만다라 그림에서 정신의 근원적 질서 모델을 보았다. 여기서 Jung은 만다라는 더이상 형태적 의미로서의 단순한 원이 아니라, '마법의 원'으로 받아들인다. 이러한 과정은 정신의 성장과정이며, '개성화 과정'으로 진정한 자기(Selbst)에 이르는 것이다(Jung, 2006).

Trungpa(2002)는 보이는 모든 것, 모든 소리, 모든 생각은 만다라이며, 의식의 본질은 열려진 가능성이라고 한다. 그는 만다라 작업을 수행하면 자아가 강해진다고 한다. Kast(2002)는 자신의 내담자들이 아주 혼란스러운 상황에서도 만다라를 그리면서 질서와 집중의 가능성을 지닌 중심과 다시 연결될 수 있는 것을 보았다.

그러나 어떤 방식으로든지 만다라의 길을 가며, 중심을 찾는 길은 쉽지 않다는 것을 보여 주는데, 이는 만다라 과정의 중요성을 강조하는 것이다. 티베트 수도승들이 며칠에 걸쳐 만다라를 그리고 완성되면 없애 버리는데, 이것은 그들에게 완성이 아니라, 과정이 얼마나 중요한 수행 의미를 지니는지 보여 준다. 이처럼 만다라의 과정, 중심을 찾아가는 과정은 바로 정신의 성장을 향하는 길이며, 그 길은 미로처럼 중심에 다가갔다가 다시 그곳에서 멀어지는 과정을 반복하면서 깨우침을 얻을 수 있다. 여기에서 중요한 것은 이러한 과정을 본인 스스로 결정하고, 고통에 직면해서 삶의 다양한 면을 받아들이고 이해하려는 자세다.

Riedel에 의하면 환자뿐만 아니라, 심한 불안과 혼란 속에 있는 사람들은 다른 사람보다 만다라 그림에 더 끌리며, 만다라를 그리는 과정 중에 마음이 편안해지는 것을 경험한다(Henzler & Riedel, 2003). 만다라는 꿈에서도 나타나는데, 이는 현실적으로 겪는 대립과 갈등 상황을 가장 잘 보완해 주는 역할을 하며, 자신에 대한 '객관적 정신'으로 중요한 의미를 지닌다(Jacobi, 1977; Jung, 1962). 원 형태와 만다라를 만들고자 하는 시도는 내외적으로 겪은 중요한 사건들을 전체 안에 통합하려는 인간의 강렬한 욕구를 암시하는 것이며, 여기에 초월성과 관계되는 심리적 · 종교적 · 영성적 상징들이 내포되어 있다(Huyser, 1996).

Jacobi(1977)는 치료 과정 중에 내담자들은 자신이 그린 만다라에 매료되며, 만다라의 의미를 말로 표현할 수는 없지만 자신의 정신 상태와 관련이 있고, 그 안에 표현하고자 하는 것이 많으며, 또한 자신에게 많은 영향을 준다는 것을 알게 된다고 한다. 그녀는 내담자가 그린 만다라는 결코 완전한 정도까지 이르지 못하지만, 과정을 통하여 내담자가 만다라의 법칙인 균형, 중심잡기에 다가가는 현상을 보았다. 만다라를 통한 이러한 전체성으로의 경향은 보완의 의미를 지닌다. 즉, 이는 어느 한 쪽으로 기울어진 내적 편파성에 대한 무의식적인 반대 운동으로서, 만다라를 그림으로써 균형을 잡으려는 것이다(Neumann, 1995). 이러한 과정이 만다라를 시작해야 하는 이유가 되며, 치료의 목적과 효과가 된다.

Jacobi(1977)는 모든 만다라는 개인의 '초상화'이며, 개성화의 전 과정 동안 나타날 수 있다고 말함으로써, 만다라를 그린다고 해서 바로 높은 발달단계에 도달될 것이라는 생각은 것은 잘못이라고 지적한다. 그러나 만다라를 자발적으로 그리는 것 자체가 이미 '전체성' 온전성으로 향하는 것이다.

만다라를 그리는 것은 근원과 중심을 되찾아 가는 출발이자 귀향이다.

필자는 만다라 집단미술치료를 통하여 참여자들이 만다라, 마음의 중심, 내면 여행이라는 주제어만 보고도 자기도 모르는 강한 끌림을 느꼈고, 자신의 중심을 들여다보고 싶은 마음이 강해서 참여했다는 말을 자주 듣는다. 이들은 만다라를 그리면서 본인도 놀랄 만큼 빠른 시간에 이완되고 마음의 편해지는 것에 놀라워한다.

그러나 다른 한편으로는 만다라를 그리면서 생각치도 못했던 불쾌한 기억이나 감정이 올라오거나 아무 이유 없이 그리기 싫어진다는 참여자들도 있었다. '이러한 경우에 계속적으로 만다라를 그려야 하는가?'라는 질문을 받게 된다. 이에 대한 대답은 상황에 따라 다를 수 있다. 일반적으로 만다라 그림을 그리는 과정에서 살아가며 겪은 문제 혹은 해결되지 못한 갈등과 고통들이 떠올라 혼란스러워지는 것은 자연스러운 현상이다. 어려운 것은 그러한 감정이 생각치도 못한 상황에 자신의 내면세계와 대면해야 하기 때문이다. Huyser(1996)는 만다라를 그리던 중 저항이 올라와서 포기하고 싶은 생각이 들 때, 바로 그때 '정서의 그림자 측면'이 표면에 나타난 것으로, 이런 경우는 계속하여 만다라를 완성하는 것이 중요하며, 내적 과정을 살피고, 상황이 된다면 다른 사람 혹은 치료사와 그에 대한 이야기를 나누는 것이 중요하다고 한다. 이는 과정 중에 자신의 내면으로 더 깊이 들어간 것으로 자신이 가진 부정적 감정 혹은 그림자를 회피하지 않고 견딜 수 있는 것이 필요하다. 그러한 자신을 그대로 바라보며 인식하는 과정 자체가 통합의 과정에 합류하는 것이며, 만다라 자체에 그러한 '혼란을 견디게 해 주는 힘'을 지니고 있기 때문이다. 여행에서 자주 겪는 것처럼 내면 여행에도 곳곳에서 장애를 만날 수 있다는 것을 인식해야 한다. 이것 또한 과정에 나타나는 현상으로 받아들여야 한다. 그런 과정을 통해 자신이 원하는 변화와 치유의 효과를 얻을 수 있다.

만다라 그림에서 중요한 것은 마친 후에 바로 여기, 지금을 느끼는 것으로, 중심으로 가는 행위를 통하여 생각지도 못했던 창의적 원천이 열릴 수 있다(Huyser, 1996).

무엇보다 만다라를 그리고 즉각적 안정을 얻는 것을 기대하는 참여자가 많은데, 이는 영양가 있는 음식을 한 번 먹고 바로 효과를 기대하는 것과 같다. 만다라를 통한 치유는 지속적으로 만다라를 그리는 작업이 전제된다. 그렇게 때문에 만다라 그리기 연습은 일상에서도 연결될 수 있도록 권한다.

자신의 상황이 출구를 찾을 수 없을 만큼 고통스럽고 혼란스러운데도 자기가 그린 만다라 그림은 그와는 달리 "밝고 환하고 아름답게 보이는" 것을 어떻게 받아들여야 할지 모르겠다고 하는 내담자가 있다. 이러한 표현은 자신의 현실을 감추기 위한 것인가? 도망가기 위한 것인가? 라는 질문을 한다. 필자는 이러한 질문에 대해 그것은 도피도, 숨기는 것도 아닌 자기 내면에 깊숙이 자리 잡고 있는 다른 극, 자신의 온전함이 깃든 내적 원천, 내적 고향의 힘이 표현된 것으로 해석을 한다.

Campbell이 일반인들도 실제 원을 그려 "우리 삶 안에 있는 서로 다른 충동 체계와 가치 체계를 명상"하며, "두 체계의 자리를 정하고 다음에는 자기의 중심이 어디에 있는지 볼 수 있어야 한다." (Campbell & Moyers, 1992)고 강조하는 것에서도 이해될 수 있다.

만다라 그리기는 마음의 고요한 화원에서 늘 피어날 준비를 하고 있는 어둠 속의 씨앗을 만나러 가는 탐험이다. 만다라는 고요 속에서 피어나는 수많은 향기로운 꽃들이며, 어머니의 품 안에서 깨어나길 준비하고 기다리는 알이며, 고요의 함성이 얼마나 신비한지 보여 주는 어둠 속의 달이자 별이다. 그렇기 때문에 깨어 있는 마음과 중심에 대한 믿음을 가지고 만다라 그리기를 연습해야 한다.

만다라를 통하여 고통이나 모순된 것을 만나는 시도는 자신을 포옹해 주는 것이며, 자신과 화해하며 새로운 힘을 얻는 것이다. 따라서 만다라를 의식적으로 그리는 과정 또한 자신의 본질로 되돌아가려는 시도로서 그 과정에서 자연스럽게 정신의 조화와 평화를 얻게 된다.

Trungpa(2002)에 의하면 인간이 우주의 에너지를 있는 그대로 인식할 수 있을 때, 형태, 색, 문양은 스스로를 드러내 보여 준다. 이때가 있는 그대로의 존재가 지니는 생기 있는 정점으로서의 '위대한 상징'이 생겨난다.

4. 만다라 미술치료 상징

1) 상징의 의미

시공간을 넘어 인류가 찾아온 많은 상징은 "문화와 사회 구조에 관계없이…… 인간정신의 심층"에 자리 잡고 있으며, 고대에서부터 오늘날까지 "여전히 삶의 깊은 원천에 닿아" 있다(Eliade, 2002). Jaffé(1982)는 우주 전체를 잠재된 상징으로 보고 모든 사물이 고유한 상징 의미를 지닌다는 입장이다. Fontana(1993)도 상징은 "인간 본질의 심오한 표현"이며, 원시시대부터 모든 문명화 과정을 통하여 존재해 왔으며, 현재에도 "우리에게 말을 걸고, 우리의 지성, 정서, 영혼에게 이야기"를 한다고 역설한다. 이러한 점에서 상징은 "실재의 구조와 존재의 차원을 설명해 줄 뿐만 아니라, 인간이 살아가는 데 의미를 가져다주기도 한다."(Eliade, 2002)

그러나 인간의 심층에 존재하며 끊임없이 인간의 삶과 문화에서 다양한 방식으로 표현되는 상징 의미는 그것을 찾으려는 사람에게만 존재의미를 드러낸다. Eliade(2002)는 이와 관련하여 상징의 진정한 의미는 상징이 주는 메시지를 읽을 수 있는 사람에게 실존적인 계시를 줄 수 있다고 한다. 이는 Jung(1982)이 심리치료과정에서 나타난 상징과 관련하여 상징 해석을 위해서는 해석자의 예리한 지성, 이성, 직관, 감정이 고루 갖추어져야 하며, 상징해석에는 상징을 만들어 낸 개인의 총체적 삶과 연계해야 한다는 관점과 같은 맥락이다. Fontana(1993)도 상징은 인간의 심리, 정신세계와 관련되기 때문에 "직관적 지혜"가 필요하며, 이를 위해

외적 표현에 대한 내적 의미를 찾으려는 시도를 강조한다.

상징 의미를 읽기 위해서는 상징 의미의 다양성, 심층구조를 이해하는 것이 전제되어야 한다. 이에 대해 Andina-Kernen(1996)은 상징이란 대상이나 행위를 통하여 표상 및 표시하는 것이지만, 광의적으로는 다양한 해석이 가능하기 때문에 상징의 내용을 명백하게 결정할 수 없다고 한다. 상징은 여러 의미를 지니고 있기 때문에 한 가지의 의미만을 찾으려고 한다면 오히려 상징이 전하는 깊은 의미를 찾지 못하는데, Eliade(2002)는 이것을 상징이 다양한 차원을 연결해 주는 통합성을 지니기 때문이라고 한다. 바로 이러한 상징의 신비가 마지막에는 통합성으로 연결된다는 관점은 상징이 지니는 "본래의 고유하고 직접적인 가치를 파기시키지 않고…… 어떤 대상이나 행위에 새로운 가치를 더해 준다." 이러한 점이 상징의 심오하고도 신비한 매력이다.

Trungpa(2002)는 세계 전체를 하나의 상징으로 보며, 상징은 자신과 다른 것을 묘사한다는 것을 알리는 표시가 아니라, 있는 그대로의 존재가 지니는 생생한 특성이 최고점에 이르는 것을 상징의 형태라고 하며, 만다라를 통하여 이러한 상징이 나타난다는 것을 설명한다. 만다라의 상징적 형태는 원뿐만 아니라, 구, 나선, 미로 형태로도 표현되며, 종교, 자연, 예술, 의례, 생명체 등의 다양한 방식에서 볼 수 있다. 이 책에서는 만다라의 기본 형태인 원과 원의 다른 형태로 표상되는 것을 살펴봄으로써, 만다라 미술치료에서 내담자를 이해하고 작품을 해석하는 데 도움이 되고자 한다.[1)]

1) 만다라의 색과 숫자에 대한 상징은 필자의 『만다라와 미술치료』(2001)를 참고할 수 있다.

2) 원

원의 특성과 기능

원(圓)의 사전적 의미는 '평면상의 어떤 점에서 거리가 일정한 점들의 집합으로 정의되는 평면도형'이다. 원은 중심과 중심에서 모두 같은 거리에 있는 원주로 구성되고, 안과 밖이 구분되는 모가 없는 온전한 형태다. 원의 입체적 형상은 구(球)다.

동양사상의 중심이 되는 태극(太極)은 "모든 일의 시작이고 의뜸이자 중심"(김석진, 2000)으로 음양을 가장 완벽하게 묘사한 원이다. 우리나라 주역의 대가인 大山 김석진은 "태극은 자연형태 그대로 순수하고 맑고 아름다운 것"이라고 한다.

Riedel(1985)은 원은 완벽하게 스스로 둥글게 된 선으로 중지하지 않고 방향의 변화 없이 그릴 수 있는 유일한 기본 형태이며, 구는 가벼운 것, 천구(天球), 자유로운 것, 부유하는 것, 움직이며, 활동적이며, 구르며, 회전하는 것으로 정의한다. Arnheim(1996)는 원 혹은 구는 특정한 방향을 제시하지 않는 유일한 형태로서 자연스럽게 우주형상으로 받아들여진다고 한다. 원의 단순한 형태는 인간 마음의 초기 발달단계, 문명발달 이전부터 나타나 사고가 복잡해진 오늘날까지 이어지며, 도식, 상징, 장식 등의 모든 분야에서 표현되어 기본적 힘의 이미지를 제공한다.

원을 비유한 성품으로 '원만한, 모나지 않은, 온화한, 너그러운, 부드러운, 둥근, 잘 어울리는, 막힘이 없는' 등이 있다. 원과 관련된 신체형상으로 둥근 얼굴, 눈, 활짝 웃는 입 모양, 가슴과 젖꼭지, 지문, 임신을 한 모습, 포옹, 아기가 어머니에게 안겨 있는 것, 어머니의 품 등이 있다. 이러한 원의 특성은 푸근하고, 자연스러우며, 편안한 감정과 관련된다. 또한 원은 위대한 어머니이며, 어머니의 모든 역할을 상징한다는 것을 말해준다.

유아는 아동화 발달단계의 처음에서는 짧은 선, 낙서, 나선형을 그리다가 원을 그리기 시작한다. 이 시기에 그리는 원은 유아의 신체, 감각 통제 능력 및 표현 능력뿐 아니라, 성취감과 자신감을 얻게 되는 중요한 발달 의미를 지닌다(Bachmann, 1993). 초기 아동화를 연구한 Egger(1998)는 Mahler의 유아의 심리적 분리과정에 근거하여 유아가 원을 그리는 것은 내면과 외면, 자아와 비자아를 구별하는 분리단계의 표현으로 본다. 나아가 중심점이 있는 원을 그리는 단계는 내면세계에 대한 새로운 경험을 더욱 촉진시킨다. 유아가 사람을 그릴 때 배꼽을 그리거나 동물, 나무 등에도 중심점을 묘사하는 것도 이러한 발달과 관련된다.

자연 현상에서 볼 수 있는 원과 구의 이미지는 매우 다양하다. 동물, 식물, 규칙적으로 반복되는 낮과 밤, 사계절, 썰물과 밀물, 달의 변화, 행성의 운동, 모든 생명체의 탄생과 성장과 죽음의 과정을 예로 들 수 있다. 원 운동의 시간적 · 순환적 · 재생적 · 역동적 상징을 표상한 것으로 동양사상의 중심이 되는 태극도(太極圖), 의학바퀴, 태양륜, 십이지신상, 챠크라, 우주알 등이 있다.

우리나라 국기인 태극기는 중앙에 빨강의 양과 파랑의 음을 상징하는 원의 형상에 사방 모서리에 검은색의 네 괘가 있는 형태로 구성되어 우주자연의 생성원리를 보여 준다. Arnheim(1996)도 형태지각의 중요성은 그 안에 들어 있는 힘의 배치를 볼 수 있는 것이라는 입장에서, 태극도는 동양에서 음양원리를 나타내는 상징으로 우리나라의 태극기를 이러한 원리를 완벽하게 재현하는 대표적 예로 들고 있다.

원은 어떤 중요한 것, 어떤 성스러운 것을 둘러싸는 보호와 방어의 기능을 동시에 지니고 있다. 스톤헨지, 로데시아 구석기 시대 암각, 아즈텍 역석, 고대 중국 청동 방패, 만다라 그림, 만다라 건축 등도 이와 관련이 있다. 종교에서 부처, 예수, 성인, 천사들의 후광으로 빛나는 원을 사용한다. 또한 가톨릭 미사에 그리스도의 몸인 성체는 원형으로 재현된다. 원불교에서는 우주와 인생의 근본 질서를 상징하는 일원상을 교리의 기본으로 삼고 있으며, 일원상의 진리를 건설하는 것을 목적으로 한다.

원과 관련된 민속놀이, 춤, 의례도 원이 지니는 우주적이고 신비한 힘에 기원을 두고 있다. 종교적 전통으로 부처의 탄생일에 절의 탑을 돌며 부처님을 기리고, 개인의 소망을 비는 탑돌이 의식이 있다. 북미 원주민의 오랜 전통인 의학바퀴(medicine wheel)는 우주와 자연과 인간과의 관계를 알려 주는 가르침의 도구로서 거대한 원형에 따라 돌을 놓는 의례로 잘 알려져 있다. 5천 년 전부터 전해 내려오는 주역의 설명은 모두 원을 중심으로 표현된다. 중국 천문학에서 유래한 10간과 12지로 이루어진 육십갑자의 회귀가 되는 60세 생일은 환갑이라 하며, 모든 가족과 친지가 축하연을 하는데, 이는 시간의 원형적 회귀다.

김선풍(1997)에 의하면 우리나라 민속놀이의 무대인 판은 대부분 둥근 원형인데, 이는 해와 달의 모습을 재현한 것이며, 음과 양의 조화를 상징하는 태극도에 기초한 것이다. 생장과 수확을 기원하는 대부분의 민속놀이에서도 원이 중심을 이루는데, 새해의 집돌이, 강강술래, 풍어놀이, 윷놀이 등이 있다. 서양에서는 오월 축제에 풍년과 다산을 기원하는 의미로 높은 기둥에 꽃과 리본으로 장식을 하고, 그것을 중심으로 원형의 춤을 추는 의식이 있다.

원 상징

Riedel(1985)에 의하면, 원은 출발하였던 지점으로 항상 되돌아가기 때문에 자체로서 완결성을 이루며, 에워싸는 형상으로 보호와 방어를 상징한다. 원은 중심점이 있어 집중력을 주기 때문에 가장 오래된 명상 이미지이며, 더 큰 자아와 신과 우주를 상징한다. 원을 내부에서 보면 경계 지워진 것, 둘러싸여진 것, 통합된 것, 소속된 것이고, 원의 외부에서 보면 제외된 것, 배제된 것, 통합되지 않은 것, 소속되지 않은 것을 상징한다.

'원 모양의 둥근 이미지는 인간 정신의 상징'이며, 공간적 · 시간적 측면에서 '완전성과 전체성' '알파와 오메가, 본원과 종국'의 상징이다(Campbell & Moyers, 1992). 원으로 표현되는 "태극은 만물을 사랑으로 내기 때문에 태극사상은 바로 사랑을 뜻"(김석진, 2000)한다. 무한한 선으로 연결된 영원성의 대표적인 원 형상은 자신의 꼬리를 문 우로보로스 뱀이다(Riedel, 1985).

Jung(2001)은 "모든 형상 가운데서 가장 단순하고, 가장 완전한 것은 첫째로 한 점에서 끝나는 원이다."라는 플라톤의 말을 인용하면서 원의 상징을 '세계의 영(anima mundi)' 혹은 '자연의 중심인 혼(anima media natura)'이고, '최초로 창조된 빛'이라고 한다. Jung은 중세 유럽에서 신의 비유에 원이나 구(求)를 보편적으로 사용하였다는 것을 제시하며, 원은 신비한 잠재력, 닫힌 것을 여는 '마법의 열쇠'를 가진 원형이며, 이러한 원의 상징은 현대인의 꿈이나 그림에서도 계속 나타난다는 것을 강조한다.

원은 중심으로부터 일정한 거리에 떨어져 있는 점들이 모여 있는 것인데, 이 중심은 형태로서만이 아니라, 심리적 · 명상적 관점에서도 중요하다. Campbell은 중심에 대하여 "두려움과 욕망을 버리고 우리가 시작되었던 바로 그 한 점으로 돌아가 보세요……. 우리 자신에 대한 우리의 지적 탐색은 우리 내부의 발화점에서 이루어져야 합니다."(Campbell & Moyers, 1992)라고 말한다. 그는 중심 에너지는 '성배 이미지, 무궁무진한 샘과 근원의 의미, 인간 삶의 근원'이라고 한다.

심리적 관점에서 원은 인간과 자연과의 관계를 포괄하면서 다각적이고 다면적인 마음의 전체성을 표현하며, 생명의 궁극적인 전체성을 나타낸다(Jaffé, 1982). 사람은 원에서 원래의 자신인 자기 중심과 관계를 맺어, 마침내 가장 내적인 본질인 자기(Selbst)가 된다(Riedel, 1985). 중심을 강조한 원 그림은 만다라로 나타나며, 내적 불안이 있을 때 아주 단순하거나 아주 복잡한 구조의 만다라가 그려질 수 있다(Kast, 2002). 원을 그리는 것은 내면으로 향하는 것이며, 이로써 주의력과 집중력을 얻고 나아가 자기변화와 정신적 질서를 찾으려는 것이다(Schuster, 2000). Von Franz (1982)에 의하면 원 혹은 구(求)는 심리적 성장의 목표인 자기(Self)를 나타내는 상징적 표현이다. Jacobi(1977)는 원의 움직임을 통하여 정신(Seele)의 모든 면을 고찰할 수 있다는 점에서, 분석심리학에 근거하여 오른쪽으로 움직이는 원은 의식화로 안내하며, 왼쪽으로 움직이는 원은 무의식, 죽음으로 이끈다고 분석한다.

원 따라 걷기는 조용해지고, 분명해지고, 중심을 찾는 치료적 효과를 얻는다. 원 안에 있는 것은 우주와 자기 존재에 대한 원초적 신뢰를 하는 것이며, 자신의 존재를 포용하고 균형을 잡는 것이다.

알 상징

삼국유사에 "번갯빛처럼 이상한 기운이" 비치는 우물 곁에 흰 말이 엎드려 절을 하는 형상으로 있어 사람들이 가까이 가 보니 말은 자줏빛 알 한 개를 두고 하늘로 올라갔다. 알에서 아기가 나왔는데, 그 아이가 신라의 첫 임금인 박혁거세다(일연, 1979). 건국신화의 중심 존재가 알의 형상으로 강림하는 것은 알이 신성함과 경이로움과 위엄을 갖추고 있다는 것을 상징한다.

'모든 생명은 알에서 나온다.'라는 로마 속담이 있다. 많은 나라의 신화에서 알이 등장하는데, 알은 창조주의 전체성과 완전성을 상징하는 것으로(Becker, 1998), 오랜 옛날부터 신성한 존재였다. 김선풍(1997)은 고려시대의 투란희(鬪卵戲) 놀이는 계란 싸움으로, 인간의 삶과 죽음의 주기적 순환을 '알 ⇄ 삶 ⇄ 무덤'의 순환공식으로 이미지화한 것이라고 한다. 그는 우리나라의 무덤이 알과 같은 형태를 지니는 것은 바로 "미래에 부활을 한다고 믿는 신앙심에 근거"하는 것으로 본다.

12세기 중세 독일의 수녀로서 세계와 우주의 신비를 체험한 신비주의자인 Hildegard von Bingen은 어려서부터 여러 차례 말씀과 비전으로 자신에게 나타난 신비스러운 현상을 후에 『시비아스(SC[V]IAS)』로 출판하였다(Kastinger Riley, 1998). Hildegard는 초기에 나타난 비전에서 압도적이고 경이로운 거대한 둥근 형상을 보았는데, 그것은 알처럼 위가 좁고,

중간은 더 넓으며 아래는 다시 더 가늘었는데, 그 안에서 우주의 현상이 보였다고 묘사하였다. 이는 Hildegard 수녀가 고대문화에서 우주가 다양한 층과 겹으로 이루어졌다고 믿고, 알로 비유하는 것에 영향을 받았다고 볼 수 있다. Hildegard는 후기 우주 저서인 『세계와 인간(De Operatione Dei)』에서 자체의 운동성과 창조의 실제인 순환을 통하여 더 정확하게 알게 되는 수레바퀴와 원형의 그림을 보여 준다. Fox(1985)에게 알은 살아있고, 숨 쉬고, 성장하고, 감탄하고, 다시 새로워지고, 사랑하고, 포옹하고, 창조하는 존재다. 그는 이러한 알의 상징에 근거하여 Hildegard 수녀의 비전에 나타나는 알 형태를 유기적이고 생명력이 있으며, 어떤 놀랍고도 새로운 존재, 새로운 창조로서 우주의 잠재력을 찬미하는 것이며, 여성적 이미지로 해석한다. 따라서 인간의 집이며, 보금자리인 우주가 알인 것은 완전성의 이미지, 상호작용의 이미지, 소우주와 대우주를 상징한다는 것이다.

기독교에서 계란은 그리스도의 부활을 상징한다. Jung(2006)은 연금술에서 알은 혼돈을 의미하는데, 그것은 알 안에 묶어 둔 세계정신을 내포하는 '최고의 재료'라는 것이다. 그는 중심점과 관련하여 알을 '창조적 점'이라고 한다.

알이 현대 건축에서 새롭게 부각되는 예는 세계적으로 유명한 건축가 Noman Foster 경의 대표적 작품에 해당하는 유리알(The glass egg)이라는 별칭으로 불리는 영국 런던 시청과 독일 베를린의 국회의사당이다. 이 두 건축은 알 모양의 외형과 나선형 내부로 설계되어 있다. 필자는 여행 중에 이 두 건축을 보러 갔는데, 수많은 여행객이 이른 아침부터 이 거대한 알을 보기 위해서 끝없이 줄을 서서 기다리는 모습이 매우 인상적이었다. 그때 알 형상이 우리의 마음을 끄는 것은 Foster 경의 창조적 작품만이 아니라, 어쩌면 우리 마음속 깊은 곳에 있는 어떤 귀한 것, 새로운 비전에 대한 잠재적 욕구는 아닌가라는 생각이 들었다. 그의 알 모양 건축에서 우주의 움직임을 단순하고도 명료하게 느낄 수 있었으며, 이러한 거대한 알이 21세기의 새로운 출발과 잠재력을 보여 주고자 하며, 인간과 자연과 환경이 유기적으로 연결되어야 한다는 것을 시사해 주는 것으로 여겨졌다. 또한 Jung(2006)이 바티칸 도서관에 소장된 15세기의 필사본 『현명한 알』에서 두 마리의 독수리가 정신적 왕관과 세속적 왕관을 쓰고 올라오는 알을 통하여 자유로운 영혼이 솟아오르는 것을 상징한다고 한 것과 연결해 볼 수 있다.

Jacobi(1977)는 미술치료에서 내담자가 그리는 원과 원 형태, 알 형태까지 포함하여 원으로 나타나는 상징에 대해 긍정적 면뿐만 아니라, 부정적 면으로도 해석한다. 구체적으로 Jacobi는 알은 현실이면서도 다산성, 미래 그리고 가능성을 상징한다는 것을 전제한다. 그러나 이러한 형태도 그림 내용에 따라 다르게 해석할 수 있다는 점을 지적한다. 예를 들어, 부활 계란을 그린 환자의 사례에서 색과 내용에 따라 건강한 상태를 나타내기도 하지만, 우울 상태, 히스테리 상태를 나타낸다는 것도 언급한다. 또한 그림에 표현된 모든 알 형태에 검은 선으로 테두리를 하는 것은 환자의 심한 우울 증세가 표현된 것으로 해석한다. 여기에서 알 자체는 자신을 상징하며, 껍질, 주변의 상황은 자신과 관계된 것으로 해석할 수 있다는 것이다.

3) 나선형

나선형의 특성과 기능

놀이터나 수영장의 나선구조로 된 미끄럼틀을 타면서 어린이들은 묘한 긴장과 흥분과 즐거움을 동시에 경험하는 것은 태아 때의 기억 때문이 아닐까? 태아의 최초의 경험은 나선 운동에서 시작되며, 나선형 DNA를 품고 생명이 탄생된다. 태아 때부터 우리는 어머니의 자궁 속에서 천천히 나선 운동을 반복하면서 세상의 빛을 보게 된다.

나선형은 평면적으로는 소용돌이 모양의 곡선이며, 입체적으로는 소라

고둥이나 나사 모양으로 감겨 올라가는 형태다. 여기에는 규칙적인 리듬 및 운동성이 있으며, 개방된 상태의 입구 혹은 출구가 있다. 나선형은 기본적으로 원의 곡선 움직임과 운동성을 지니기 때문에 원의 상징과 밀접한 관계를 지니고 있으면서도 자체의 특성을 보여 준다.

나선형은 자체에서 펼쳐지는 형상과 감기는 형상이 반복되어 공존한다. 나선형은 항상 운동성과 연결되어 있는데, 안에서 밖으로 회전하거나, 밖에서 안으로 회전하는 두 가지 형태의 운동성이 있다. 그러나 나선형 자체에 이미 이중나선의 형상을 지니고 있어서 회전에서도 안에서 밖, 밖에서 안의 의미를 동시에 볼 수 있다. DNA 구조는 대표적인 이중나선형으로 서로 대칭인 두 개의 나선이 같은 축의 방향에 놓여 움직인다.

Riedel(1985)은 나선의 감기고 풀리는 형상은 개방성과 역동성을 내포하고 있으면서 동시에 깊이와 내적 집중을 유지하고 있어, 한 형태 안에 외향성과 내향성이 동시에 공존하는 모양이라고 한다. 또한 Riedel은 나선형과 나선의 운동은 인간과 자연, 나아가 우주의 운행에 기본이며, 창조의 근본적 운동이라는 점을 강조한다.

나선 형태나 나선의 운동성을 볼 수 있는 예는 나선은하, 회오리바람, 토네이도, 모래바람, 달팽이, 소라, 식물, 꽃, 우주의 운행, 밀물과 썰물의 현상, 연기, 태아의 움직임, 지문, 귀의 달팽이관 등이 있다. 이러한 현상에 의해 이루어진 나선형은 인류 문화의 가장 오래된 상징에 해당하며, 의례, 학문, 건축, 장식문양, 예술 등의 다양한 영역에 적용된다. 나선형은 이미 선사시대부터 선호된 장식 모티브이며, 포괄적 상징으로는 '순환적 발전' '달의 주기와 물, 다산 등에 영향을 주는 것 등'이며, 일반적으로 이는 (특히, 이중나선형) '전체 우주에서의 움직임 대 퇴행과 진화' '회귀와 회복' '미로'와 관계 있다(Becker, 1998).

대표적으로 선사시대의 거석문화인 아일랜드 뉴그랜지 무덤 입구에 있는 두 개의 나선형, 항아리에 몸과 자궁의 상징으로 나선형 장식을 사용한 신석기 시대의 항아리(Elbrecht, 2006), 이오니아 양식에 선호되었던 나선형, 성베드로 대성당의 교황 제단 주위에 있는 네 개의 거대한 나선형 기둥, 미국의 구겐하임 미술관, 영국 시청, 독일 국회의사당의 나선 계단을 들 수 있다. 우리나라의 태극문양과 곡옥 형상의 나선은 우주의 생성과 질서를 상징하면서도 길하고 상서로운 상징으로 여겨져 궁, 사찰, 예술작품, 일상생활에서도 선호하는 형태다.

나선형 춤은 세계의 다양한 문화에서 집단의식이나 군무로 잘 알려지고 있다. 그리스의 디오니소스 신을 위한 제의에 추는 나선무용, 오월 축제에 오월기둥(Maypole)을 중심으로 추는 나선형 춤, 다양한 원무 등을 예로 들 수 있다. 우리나라에서는 태양제나 월제로서 풍요와 생산의례적인 춤인 집단적 나선무용으로 강강술래, 농악, 소리춤 등이 있다. 정병호(1997)는 나선무용인 강강술래는 "죽음과 탄생이라는 무한(無限)의 미궁을 상징하는 종교적 의미"가 있다고 본다. 또한 풍물놀이에서 풍물패가 춤을 추면서 상모를 돌릴 때 긴 천이 만들어 내는 나선형은 인간의 몸으로 표현하는 아름다우며 역동적인 형상이다.

나선형 상징

나선형은 인간, 식물, 동물, 우주의 모든 생명체의 출생, 죽음, 재탄생으로 인류의 가장 오래된 상징과 깊은 관련이 있으며, 문화와 역사의 변화에도 항상 적용된다. 나선형은 우주생성의 과정과 역동을 보편적 상징으로 표현한 형태다. 우리나라에서 나선형은 신성함과 신비, 길상과 축복을 나타내는 행운의 상징으로 여겨지고 있다.

나선형은 '육체적 · 영적 에너지가 흐르는 형태이며, 태양과 달, 남성과 여성 에너지 전체'를 상징한다(Fontana, 1993). Elbrecht(2006)에 의하면 나선형은 성장의 기본 운동이며, 비폭력적 확장운동인 동시에 유기적 전개의 운동이며, 여성적이면서 남성적인 충동의 두 면을 내포하고 있다. Arrien(1998)은 나선은 성장과 진화의 과정을 상징한다고 보는데, 이는 나선이 한자리에 머물지 않고 반복하여 회전하면서 다른 단계에 이르기 때문에 모든 것이 새로운 관점에서 보인다는 것이다. 따라서 Arrien에게 나선형의 과정은 다양성과 새로운 경험과 변화에 대한 강한 욕구를 보여 주는 것이기 때문에 도전과 통합의 과정이기도 하다.

인류 초기 문명부터 나선형의 중요한 상징적 의미를 지니는 대표적인 예로 미로가 있다(Becker, 1998; Fontana, 1993; Riedel, 1985). 각 문화마다 미로의 의미가 조금씩 다르다 하여도 근본적으로는 인간의 삶과 죽음의 세계를 이해하고자 하는 상징적 표현이다.

여러 화가 중 나선을 즐겨 사용한 화가는 Gogh, Hundertwasser와 Klimt를 들 수 있다. 특히 예술적 가치로 높이 평가받는 Gogh의 말기 작품들에 나선 형태가 많이 보인다. 완전히 익은 노란색 밀이 나선 형태로 역동적인 움직임을 보이는 〈추수하는 사람〉에 대해 그는 동생 테오에게 보낸 편지에 뜨거운 태양 아래에서 밀 수확을 하는 사람에게서 죽음의 이미지를 발견하였지만, 동시에 다른 어느 시기보다 열정에 사로잡혀 이 그림에 몰두하였다고 한다. 그는 이 그림에 대해, 자신이 "표현하고 싶었던 것은 '이제 막 미소를 지으려는 순간'이다."(Van Gogh, 1999)라고 하였다. 필자에게는 Gogh가 죽기 1년 전에 그린 여러 장의 〈사이프러스 나무〉 〈사이프러스 나무와 밀밭〉 등에서 크고도 강한 삼각형의 사이프러스 나무가 수많은 나선 형태를 하고 있는 것으로 보이는데, 특히 위로 향하는 모습은 병으로 인해 고통스런 상황에 살면서도 그림을 통한 생명의 불꽃을 보여 주는 것 같다. 그가 그렇게 역동적 에너지를 보이며 움직이는 거대한 사이프러스 나무에 매달리는 것은 그림으로 고통을 벗어나려는 Gogh 자신의 만다라가 아닐까?

Hundertwasser는 자신의 작품에 가장 많이 등장하는 나선에 대해서 다음과 같이 언급한다. '나에게 나선은 생명의 상징이다. 나선은 생명 없는 물질이 중지되고, 생명력 있는 것이 시작되는 곳이라고 믿는다. 나의 나선형은 기하학적 나선형이 아니라, 컴퍼스로 그리지 못하는 생물학적 나선형이다. 나의 나선은 식물성으로 자란다.'(Hundertwasser-Katalolg.

Riedel, 1985 재인용)

Hundertwasser는 나선형 작업을 통하여 생명의 신비를 새롭게 체험함으로써 인간, 자연, 우주와 화해하고 통합하려는 생태적 · 명상적 · 영성적 예술 활동을 상징적으로 보여 준다. 여기에 인간의 이성이나 논리보다 감성과 통합적 사고의 중요성이 제시된다.

Klimt는 그의 그림에서 다양한 기하학적 형태의 모자이크 형식을 환상적으로 표현한 화가다. 특히 그가 그린 스토클레 저택의 실내 벽에 그린 〈생명의 나무〉 〈완성〉 〈기다림〉의 나선형은 나선이 지닌 상징성을 예술적으로 표현한 대표적인 작품이다.

나선형은 두 가지 운동성이 있는데, 안에서 밖으로의 운동과 밖에서 안으로의 운동이다. 그러나 이러한 두 가지 운동에서도 다시 시계 반대 방향으로 시작하는 운동과 시계 방향으로 시작하는 운동으로 나눌 수 있으며, 이러한 운동에 따라 그 의미가 다르다. Riedel(1985)는 안에서 밖으로 나아가는 나선형 중에 시계 반대 방향의 나선 운동, 즉 왼쪽으로 감아 돌아가는 나선형은 근원, 어머니의 자궁, 죽음의 길로 다시 돌아가는 것이라고 한다. 또한 안에서 밖으로 나가면서 시계 방향, 즉 오른쪽으로 감아 돌아가는 나선형은 삶에서 발전, 미래와 전진을 의미하며, 이러한 회전은 발산과 확장과 발전의 모든 과정을 상징하며, 지속적이고 순환적인 발전과 창의적 문제해결력이 있는 것으로 해석한다.

라마고 수장은 Jung에게 만다라의 두 가지 중요한 상징을 설명하는데, 첫째는 옛 규율을 복원하려는 보수적 목적과 둘째는 아직 존재하지 않은 것을 형상화하려는 창의적 목적이 있다는 것이다(Von Franz, 1982). 여기서 두 개의 상징은 서로 반대되는 것이 아니고, 과거의 규율은 새로운 질서에 더 높아진 수준으로 되풀이된다. 이러한 반복은 항상 동일한 지점으로 다시 되돌아와서 일정한 방향으로 성장을 계속하는 나선형과 같다고 한다.

Von Franz는 개신교 여성 내담자가 〈하느님의 상〉에 대한 상징으로 나선형을 그리는 것에 대해 나선형은 무의식의 산물이며, 무의식이 지향하는 더 높은 차원의 신성한 방향으로 나아간다고 분석한다. 이는 나선 운동의 심리적 특성이 '변화와 역동, 생명력, 치유 에너지, 전체성 추구, 의식을 구성하고 고려하는 능력, 개성화 과정, 새로운 방향전환과 연결된 변화, 심층 심리적 면에서 신적 창의성, 에너지 성장, 의식화'로 보는 Riedel(1985)의 입장과 같은 맥락이다. 또한 나선형은 의식화, 개방성과 더불어 자신만의 명상적 에너지를 얻을 수 있는, 그리하여 자신의 성숙이 전진만 있는 것이 아니라 후퇴, 즉 명상적 시간과 공간도 필요하다는 것을 체험하게 한다.

Riedel은 나선 형태가 미술치료에 중요한 역할을 하는 것은 이러한 두 가지 특성을 환자들에게 유용하게 이용할 수 있기 때문이라는 입장이다. 다시 말하면, 내향성이 강한 환자는 자신의 중심에서 출발하여 점차 외부를 향해 나아가면서 외부 세계 및 타인들과 새로운 접촉을 하는 단계를 익히게 된다. 이에 비해 외향성이 강한 환자는 밖에서 안, 그것도 시계 방향으로 나아가는 나선형의 운동을 통해 회전 때마다 집중력을 얻는다. 이는 바로 내면으로 나아가는 과정이며, 나아가 자신 안으로 되돌아가는 과정을 경험하게 된다. 이러한 경험을 통해서 환자는 중심과 안식처를 찾게 되며, 자신이 무의식적으로 욕구하던 보호를 의식하게 되고, 생각과 행동에서도 피상적이던 성향에서 심사숙고하는 경향으로 변할 수 있다.

Steiner의 인지학에 근거한 미술치료의 형태연습에서 Pütz(1981)는 안에서 밖으로 나선형을 그리도록 추천하는 대표적인 증상으로 경련성, 간질, 지적장애와 자폐를 들고 있다. 이와는 달리 밖에서 안으로 나선형을 연습하도록 하는 대상은 히스테리 환자, 무절제한 사람, 집중력이 약한 사람, 몽상가를 들고 있다. 나선형 그리기가 환자 또는 일반인에게도 중요한 역할을 하는 것은 나선을 통한 각 회전 때마다 새로운 에너지, 무엇보다 팽창력과 집중력을 얻기 때문이다. 뿐만 아니라 이러한 운동은 시작과 끝이 분리되지 않고 역동적으로 연결되어 그리는 사람 자신도 모르게 마음의 안정을 얻게 된다.

Elbrecht(2006)는 미술치료 기법으로 적용한 안내된 드로잉(Guided Drawing)에서 나선 연습은 세 가지 주제를 지닌 작업이라고 한다. 즉, 내적 세계와 외적 세계의 균형, 집중할 수 있는 능력과 개인 경험의 확장이다. Elbrecht는 모든 에너지가 내부에 집중되어 있는 나선형 그림은 외부 세계와 관계가 없거나 내성적 상태에 대한 경고라고 해석한다. 그러나 다른 한편으로 이러한 그림은 고도의 집중상태나 오직 현재의 자신에게만 최고의 집중상태가 필요한 것일 수도 있다고 본다. 또한 Elbrecht는 나선형 그림에서 외부가 더 주도적인 경우에는 외향적이고, 표면적인 것에 관심이 높은 경향이 있다고 한다. 또한 이러한 그림은 중심이 빈약하기 때문에 내적 세계에 대한 불안이 있을 수 있다고 해석한다.

4) 미로

미로의 특성과 기능

어릴 적 골목길은 익숙하면서도 즐거운 긴장을 주는 공간이었다. 꼬불꼬불하게 돌아가는 골목길에서 숨바꼭질을 하거나 골목길 막다른 집에 있는 큰 나무를 보며 '잭과 콩나무'나 '욕심쟁이 거인' 이야기를 떠올리곤 했다. 풀꽃, 돌멩이와 흙으로 소꿉놀이를 하거나 담장 너머 꽃향기를 맡으며 지냈던 골목길은 상상의 세계를 넓혀 준 곳이기도 했다. 이러한 골목길이 어린아이의 작은 미로였다는 것을 세월이 지나서 알게 되었다.

미로(迷路, labyrinth)는 미궁이라고도 하며, 사전적 의미로는 "어지럽게 갈래가 져서 섞갈리기 쉬운 길"(엣센스 국어사전, 1999)이다. 미로는 인류의 가장 오래된 상징적 표현에 해당한다(Candolini, 2007). 미로는 일상에서도 만날 수 있는 길이면서 인류 문화와 종교, 예술에서 중요하고도 심오한 상징적 의미를 지니는 공간이다.

미로는 형태적으로 보면 대칭적 체계를 지녔으며, 평면 형태, 입체 형태로 나뉠 수 있는데, 땅바닥, 벽, 지하, 천장, 설계도, 정원, 둑, 울타리 등으로 표현된다. 미로 형태는 평면이든, 입체이든 내부에 중심이 있는데, 중심을 향하거나 벗어나는 길이 있고, 외부로 나갈 수 있다. 또는 거꾸로 외부의 출입구와 중심으로 향하는 길이 있으며, 내부 중앙에 중심이 있다. 미로와 비슷한 형태를 지녀 상징적으로도 같은 의미를 지닌 것으로 거미줄과 중심에 있는 거미, 사각형 방위, 똬리를 튼 뱀, 매듭 등이 있다(Becker, 1998; Cooper, 1996).

미로의 기원은 유럽 문화권에서 나타났으며, 가장 오래된 미로는 그리스 필로스에서 발굴된 것으로 추정한다(Candolini, 2007). 그 이후 미로는 유럽뿐 아니라 이집트, 아프가니스탄, 파키스탄, 인도, 인도네시아, 미국, 북미 등으로 다양한 장소로 전파되었다.

미로는 형태상 두 종류로 분류한다(Becker, 1998; Cooper, 1996). 첫째는 샛길 없이 설계된 미로로서 선택의 여지 없이 가는 길에 혼란이나 혼동이 없도록 중심으로 뻗어 있고, 중심에서 밖으로 나가는 길은 가장 길게 만들어져 있으며, 멀리 갔다가 다시 중심으로 들어와서 다시 밖으로 나가는 행위를 반복한 후에야 비로소 밖으로 나갈 수 있는 꼬불꼬불한 길이다. 둘째는 샛길이 복잡하게 얽혀지도록 설계된 미로로서 샛길로 가서 막히면 왔던 길을 되돌아와서 또 다른 길을 찾아가는 것을 수없이 반복한 후에야 밖으로 나가는 길을 발견할 수 있다.

첫째는 초기 미로이며, 둘째는 그 후에 나타난 것이다. 두 미로의 공통된 특징은 목적지에 다다르는 길은 가장 먼 길이며, 찾기 어려운 복잡한 길로 만들어졌다는 것이다. 후기 로마양식과 중세시대의 미로들은 대칭적이고, 대부분 중심에 자유로운 공간이 있으며, 주로 동심원들로 둘러싸여 있는데, 교회 바닥에 그려진 것이 많다(Candolini, 2007).

많은 문화유적 중에는 동굴이나 지하에 미로 형태를 갖춘 거주지가 있는데, 이는 주로 무덤, 감옥, 은신처 등으로 사용되었다. 죽은 자의 영혼이 다시 살아나기를 기원하기 위해 만든 지하무덤으로 대표적인 것은 고대 그리스, 이집트, 중국의 무덤이다. 인디언 호피족은 미로를 '대지의 어머니'를 상징하는 것으로 부르며, 그들의 지하 신전과 연결한다(Elbrecht, 2006). 전쟁이나 종교적 박해를 피하기 위하여 만들어진 지하 미로도 있다. 세계문화유산인 터키의 카파도키아 지하 도시는 초기 기독교인들이 이슬람교도들의 박해를 피하기 위하여 만든 미로형 도시다(김훈기, 1999). 봉일범(2005)에 의하면 과거에 미로는 건축으로 인정받지 못했으나, 현대 건축가들은 미로의 패턴을 연상시키는 다양한 주거유형, 전시장을 설계한다는 예를 제시하면서, "실효성을 갖는 공간 형식으로서 잠재성을 지니고 있다."고 한다. 또한 조경에 사용되는 미로 정원들이 있는데, 가장 잘 알려진 것은 프랑스 베르사이유 궁전의 정원이다.

미로 상징

수많은 문화권의 다양한 장소에 존재하는 미로는 거의 모두 상징적 힘을 지니고 있으며 상징 의미도 다양하다. Campbell(1992)은 선사시대부터 전해 내려오는 미로의 상징적 의미를 나바호 인디언이 생명의 근원을 상징하는 '화분(花粉)의 길' '중심으로 향하는 길' 이라며 다음과 같이 노래하는 데서 이해할 수 있다고 한다.

"내 앞도 아름답고, 내 뒤도 아름답고, 내 오른편도 아름답고, 내 왼편도 아름답고, 내 위도 아름답고, 내 아래도 아름답다. 나는 화분의 길에 들었노라."

서양종교에서 미로는 모든 시련, 어려움과 우회로를 지닌 인간의 삶을 상징하기 때문에, 중심은 예루살렘의 형상으로 치유의 희망을 상징할 수 있다(Becker, 1998). 또한 중세시대 미로는 기독교의 상징적 순례양식으로 고딕 대성당 바닥에 그려져 있는데, 신자들은 부활절 의례로서 미로의 중심을 향하여 손을 잡고 따라가는 종교적 춤을 춘다.

미로의 상징은 대표적으로 우주와 세계, 불안과 죽음, 탄생과 재탄생, 귀환과 자유, 집중, 인생행로를 의미한다(Candolini, 2007). 또한 미로는

"중심으로 회귀, 낙원 회복, 고난이나 시련을 통한 깨달음, 탄생, 죽음, 재생, 세속에서 성스러운 곳으로 가는 통과의례, 죽음과 삶의 비밀, 현세의 고난이나 망상을 뚫고 얻은 깨달음이나 하늘을 의미하는 중심으로 가는 여행, 영혼, 내세로 도망치는 여행길(들어가기 쉽지만 나오기 어려움), 풀리지 않은 매듭, 위험, 숙명"(Cooper, 1996)의 의미를 지닌다. 동양에서 미로의 상징은 "'윤회(輪廻)로부터 탈출'과 '업(業)'의 법칙"(Fontana, 2001)을 나타낸다.

Eliade(1961)는 사원이든 다른 어떤 곳이든 만다라 형상에 발을 들여놓는 것은 미로로 들어가는 의식과 같은 것이라고 본다. 어떤 만다라들은 명확하게 미로의 특성을 지니고 있다는 것이다. 즉, 만다라의 기능은 적어도 미로처럼 두 면으로 고려될 수 있다. 땅 위에 그려진 만다라로 들어가는 것은 한편으로 미로 입회 의식과 동일하다. 다른 한편으로 만다라는 그 안에 들어오는 입회자를 모든 해로운 힘으로부터 '방어'하고 동시에 자신의 '중심'을 발견하는 데 집중하도록 돕는다.

많은 문화권에 나타난 미로의 상징은 구도자가 중심에 해당하는 자신의 본성, 본질적 실체를 찾기 위하여 수많은 혼란과 갈등의 길을 거치는 '내면 여행'의 의미를 지닌다(Fontana, 2001). 또한 미로는 대지의 어머니 몸에 해당하며, 그 중심에 도달하는 것은 '모체로의 신비로운 회귀' 또는 '자궁퇴행'이며, '대지의 여신에게로의 회귀'를 상징한다(Eliade, 2006; Fontana, 2001).

그리스 신화에서 테세우스가 미노타우로스를 처치하고 제물이 된 선남선녀를 구하러 가는 미로나, 신화에서 영웅들이 거대한 동물, 괴물이나 신화적 인물이며 대지의 어머니에 해당하는 신적 존재의 몸 안으로 들어가는 것은 이러한 상징성을 나타낸다.

Küstenmacher와 Küstenmacher(1999)는 중심에 도달하기 위하여 중심 근처로 갔다가 다시 여러 번 우회하도록 만들어진 미로를 인성에 결부시켜서, 미로를 걷는 사람은 내부 공간을 완전히 걸어가 자기 인성의 모

든 차원을 경험하고 나서야 중심에 도달할 수 있다고 한다. 이러한 점을 통해 미로의 중심, 목적지의 의미는 여행, 떠남을 통한 인식의 성장으로 여겨질 수 있다. 여기에서 '삶과 죽음과 재생, 추락과 상승, 하강과 비상, 속박과 해방, 제한과 결합'(Fontana, 1993)을 경험하게 된다. 또한 미로의 상징에는 심리적 혼란, 불안으로 퇴행하여 그것을 활성화함으로써 치유적 과정을 거치는 것으로도 이해할 수 있다.

Campbell은 인생에 목적이 있는 것이 아니라 존재를 계속하려는 충동인 잠재력이 있다고 언급하며, 인간은 자신이 중심에 이르렀을 때에야 비로소 바른 궤도에 들어섰는지 아니면 궤도를 벗어났는지 알 수 있는 힘이 있다고 하는데, 이는 미로의 여행과 같은 의미로 받아들일 수 있다(Campbell & Moyers, 1992). 또한 그가 Dürkheim이 말한 여행 중에 자꾸 목적지에 멀어지고 있다고 느낄 때, 여행의 목적지는 바로 여행이라는 사실을 깨닫는다는 것을 인용하는 것도 미로에서 발견할 수 있다. 인간에게 미로는 아직 나타나지 않은 '전인적' 인간에 대한 탐구, 동시에 더 위대한 미래의 존재인 전인을 찾아가는 것이다(Küstenmacher & Küstenmacher, 1999). 이러한 점에서 미로의 상징은 Eliade가 중심을 찾는 것을 '순례' '파라다이스에 대한 향수'라고 한 것과 연결지을 수 있다.

Riedel(1985)은 나선 및 미로는 내장의 조직과 같아서 영양분 섭취, 소화, 배설인 소화과정을 심리적 소화과정과 통합과정으로 비교하며, 뇌의 회전, 의식화 과정과 정신적 소화과정은 미로를 따라 형성된다고 한다. 이에 따라, 나선 및 미로는 생명의 길, 삶의 길을 상징한다. 오늘날 세계의 수많은 사람은 종교에 관계없이 열광적으로 험난하고 어려운 미로인 산티아고 데 콤포스텔라를 순례한다. 우리나라에서도 올레길, 둘레길 등 마음과 영혼의 순례길을 나서는 사람들이 많아지고 있다. 이는 미로 길을 걸으며 자기를 비우고 중심을 찾아 새롭게 태어나고 싶은 21세기의 화두가 아닐까 생각한다.

5. 만다라 미술치료에서 만나는 질문

만다라의 성장과 치유원리는 미술치료에 적용되고 있다. 심리치료와 영성적 관점에서 다루어지는 만다라 주제는 만다라 자체의 치유 원리, 기법과 매체개발, 명상과 어우러져 연구된다. 만다라 미술치료 과정을 위해서는 구조적 제시가 필요하지만, 이러한 규칙에 반드시 얽매일 필요는 없다.

다음은 만다라 미술치료 워크숍 참가자 혹은 개인 미술치료에서 내담자에게 많이 받는 질문들을 정리한 것이다.

Q1 만다라를 그릴 때 이완과 명상 과정, 시각화 과정이 반드시 필요한가요?

이 질문은 '이완과 명상 단계를 거치지 않고 바로 만다라 그리기를 하는 것과 그렇지 않은 것의 효과 차이가 있는가?'라는 질문과 대동소이하다. 만다라를 그릴 때 명상 과정은 신체와 정신과 영혼이 일체인 전인적 존재를 자연스럽게 받아들일 수 있는 치유적 의미를 지니고 있기 때문에 이 과정을 권유한다. 운동을 본격적으로 시작하기 전에 몸 풀기, 스트레칭을 하는 것처럼 심리적 · 신체적 이완과 명상 단계를 거친 후에 만다라를 그리면 더 몰두하여 작업을 할 수 있다.

필자는 여러 차례 100여 명의 성인을 대상으로 이완과 명상과정이 있는 만다라 미술치료와 이완 및 명상과정을 생략한 미술치료를 실시한 후 설문조사한 결과, 참여자 95%가 이완과 명상과정이 있는 것이 더 좋았다는 답을 하였다.

그러나 상황에 따라서 간단한 호흡 연습을 하고 만다라를 그려도 도움이 될 수 있다. 먼저 눈을 감고 천천히 호흡에 집중하여 3~5번 정도 들숨과 날숨을 깊게 쉰 후에 만다라 그림을 그려도 된다.

Q2 호흡 연습과 이완 연습 때 반드시 눈을 감아야 하나요?

눈을 감으면 외부 자극을 빨리 차단하고 자신에게 집중할 수 있다. 또한 이완에 따른 다양한 얼굴 근육 긴장과 이완을 다른 참여자들에게 보이는 것을 부끄러워하거나 이상한 표정을 보고 웃는 것을 방지할 수 있다.

Q3 이완 연습을 한 후에 짜증이 나거나 두통이 생기는 것은 왜 그런가요?

이때는 호흡과 이완 연습을 충분히 하지 않았거나, 자연스럽고 편안하게 숨을 들이쉬고 내쉬지 못하고 그러한 연습에 오히려 긴장을 하게 됨으로써, 들숨과 날숨의 균형이 깨지면서 나타나는 현상인 경우가 많다. 특히 호흡 및 이완 연습을 처음 하는 경우에는 이러한 반응이 더 많이 나타난다. 그러나 충분히 이완하고 호흡하는 연습을 하면 이러한 현상은 사라질 것이다.

Q4 문양 만다라와 자유 만다라를 그리는 것의 차이는 무엇인가요?

먼저 만다라는 자신이 그리고 싶은 대로 그리는 것을 원칙으로 한다. 그러나 만다라 그리기를 처음 하는 경우에는 어떻게 시작해야 할지 모르는 경우가 많다.

문양 만다라와 자유 만다라의 차이를 살펴보면, 문양 만다라는 이미 중심과 원주의 관계가 기본적으로 구성되어 있고, 그러한 바탕에 색을 칠할 수 있어 쉽게 다가갈 수 있다. 자유 만다라는 자신의 감정과 정서를 원 안에 마음대로 구성하거나 표현할 수 있다. 만다라 그리기 초기에는 문양 만다라를 그리다가 자연스럽게 자유 만다라를 그리거나, 자유 만다라를 먼저 그리다가 문양 만다라를 그리는 경우가 있다. 어느 단계이든지 내담자가 원하는 것이 무엇인지를 잘 파악하여 그에 맞추는 것이 중요하다.

Q5 만다라의 폐곡선을 보면 답답하고 갇혀 있는 느낌이 들 때가 있는데, 왜 그런가요?

만다라 문양에서 나타나는 원은 자신을 가두는 느낌을 줄 수 있으며, 일상의 다양한 역할과 심리적 심상들이 개인에게 너무 빨리 질서를 요구하는 부담으로 다가올 수 있기 때문이다. 만다라 문양에 색을 칠할 때 그런 현상이 나타난다면, 자유 만다라를 구성하여 그리거나 먼저 나선형 또는 미로를 그리도록 제안한다. 혹은 만다라 그리기를 시작하기 전에 충분히 이완 연습을 하였는지도 알아본다.

Q6 만다라 원 밖으로 색을 칠하거나 더 그리면 안 되나요? 더 그리는 이유는 무엇 때문인가요?

그에 대한 규칙은 없다. 만다라 문양에 따라 색칠을 하였을 때 원주 선을 고려하지 않았다면, 만다라를 그리는 당사자가 원을 패쇄적으로 느끼거나 답답한 느낌을 받아 원 밖으로 더 그리는 경우가 있다. 원에 대한 편안함을 받아들이는 시기가 아닐 수 있다. 다른 한편으로는 만다라를 그리면서 자기 발산과 표현 욕구가 더 많아서 계속하여 그리는 경우로도 볼 수 있다. 이는 확장경험에 대한 욕구일 수 있다. 내담자가 발산욕구를 표현하도록 하는 것도 전체적 심리과정을 이해하는 데 도움이 될 수 있다. 그러나 어떠한 경우이든 자기 통제와 어떤 관계가 있는지를 살펴보는 것도 필요하다.

폐쇄된 원이 불편하게 느껴질 경우에는 완전한 폐곡선의 원 모양보다 나선형이나 미로처럼 열린 공간이 있는 것을 제안할 수도 있다. 혹은 만다라 원 밖에 색이나 형태를 그려 넣는 경우는 전체적 장식에 흥미를 느끼는 경우이거나 자신을 원이라고 볼 때 외적인 것을 자신을 둘러싸고 있는 환경으로 보아 그러한 환경과 원이 어떠한 상호 관련이 있는지를 살펴보는 것도 필요하다.

통제에 어려움이 있는 장애아동 또는 청소년 혹은 정신장애, 뇌손상, 치매 환자들에게도 이러한 현상이 나타날 수 있는데, 이때는 감각운동, 통제력, 그림 인식력 등을 장애나 병에 근거하여 관찰하여야 한다.

Q7 만다라를 그리면서 타인과 이야기하지 않아야 되는 이유는 무엇인가요?

만다라 그리기는 자신의 중심으로 향하는 집중적 과정이기 때문에 가능한 자신에게 몰두할 수 있도록 해야 한다. 만다라 그리기는 명상훈련과 같은 치료과정이다. 만다라 그리기 과정은 자신의 의식과 무의식을 넘나들며 대화를 하는 것임을 숙지하여야 한다. 집단미술치료의 경우 다른 사람에게 말을 거는 것은 자기뿐만 아니라 다른 집단원의 자기 집중화 과정을 방해하게 된다.

Q8 만다라를 보고 미술치료사가 내담자의 상태를 바로 알 수 있나요?

만다라 한 장을 보고 내담자의 상태를 바로 알려고 하는 것은 위험하다. 내담자의 상태를 알기 위해서는 내담자의 심리, 정서, 행동, 표정, 상호작용 및 대화 내용을 관찰하는 것이 기본이다. 만다라를 그린 사람은 그 당시에 개인적 상황이 혼란스러운 상태일 수도 있고, 육체적 · 정신적으로 병을 겪고 있는 경우도 있기 때문에, 한 장의 만다라로 판단하지 않고 지속적으로 그리는 만다라 시리즈를 비교 · 분석하여 진단 및 해석하도록 권한다.

만다라 미술활동의 내용으로는 전체성, 구성과 배열, 색채, 내용, 선을 관찰한다. 만다라 배열의 규칙성과 질서 및 혼돈상태, 색의 규칙성 및 혼란스러운 배열, 일정한 색에 치우치거나 한 가지 색만 사용한 것들을 살펴본다. 앞의 상황들은 일시적으로 나타날 수 있으므로, 지속적으로 볼 때, 만다라를 통해 어떠한 변화가 나타나는지를 볼 수 있어야 한다. 미술치료사는 만다라 그림을 보고 일반적 상태를 해석할 수는 있으나 내담자와의 신뢰관계, 내담자의 과거력, 내담자의 심리 상태, 신체 및 감각기능

등을 고려하여 분석하는 것이 더 신뢰성 있다.

Q9 일반인과 치료를 필요로 하는 사람이 만다라를 할 때 나타나는 차이점은 무엇인가요?

만다라 그리기는 내적 일치와 균형을 필요로 하는 사람이면 누구에게나 가능하다. 우리는 스트레스, 가족 및 대인관계 갈등, 충격적인 일 등으로 심리적 균형이 깨지는 경우가 있다. 또한 자신이 정체되어 있다는 생각이 많아지면서 어떻게 나아가야 할지 몰라 진퇴양난에 처하는 경우가 있다. 하지만 이런 일이 생겼다고 해서 반드시 치료를 받을 필요가 있는 것은 아니다. 이러한 상황에서는 만다라 그리기를 통하여 자기 존재의 근원에 있던 내적 에너지를 향해 여행할 것을 권할 수 있다. 이러한 만다라 여행은 자체에 치유적 힘을 지니고 있기 때문에 규칙적으로 만다라 그리기를 통하여 자신의 그림과정을 보며 자신과 대화하는 것이 필요하다. 이때 만다라를 그린 후에 만다라를 바라보며 그리는 과정의 경험과 현재의 느낌을 떠오르는 대로 적어 두는 것도 추천한다. 글쓰기는 무엇보다 의식을 흐름대로 따르는 것이 중요하다. 이러한 과정을 거쳐 자신의 모습, 자신의 에너지, 잠재력, 갈등과 대면하고 변화할 수 있는 지혜를 얻게 된다. "만다라를 혼자 그려도 치료가 되나요?"라는 질문을 자주 받는데, 이는 병과 건강에 대한 관점을 먼저 생각하여야 하며, 그리는 사람의 상태가 어떤가에 따라 다를 수 있다. 심리적 · 정신신체적 치료가 필요한 사람은 반드시 치료사의 치료 계획에 따라 만다라를 그리고 또 분석받는 것을 추천한다.

치료를 요하는 사람이 만다라를 그리게 되면 진단에 따른 미술치료사의 치료계획이 있으며, 여기에 이완방법, 시각화 작업, 만다라 문양 그리기, 자유 만다라 그리기, 매체 사용이 구조화된다. 그러나 치료의 구조는 과정 중 미술치료사의 치료관점에 따라 변경될 수 있으며, 어느 과정이 더 강조되거나 적은 비중을 차지할 수도 있다. 또한 치료과정의 관찰, 작품 변화과정을 통한 단계적 평가가 이루어지며, 종료시점에는 치료의 계획에 따른 평가 및 전체 치료평가가 제시되어야 한다.

또한 교육적 · 창의적 · 예술적 목적으로서 만다라를 그릴 수 있다. 여기에는 만다라 그리기 경험과 만다라 지식이 있는 지도자가 지도할 수도 있고, 자신이 스스로 이러한 작업을 할 수도 있다.

Q10 자신이 그리고 싶은 대로 만다라를 그리면 안 되나요?

만다라를 그리고 싶은 대로 그릴 수 있다. 어떤 내담자는 초기에는 원에 대한 거부감 때문에 자유롭게 그리기를 원하지만 어느 정도 만다라 그리는 과정이 진행되면서 본인 스스로 만다라를 그리게 된다. 어느 단계이든지 내담자가 원하는 것이 무엇인지를 잘 파악하여 그에 맞추는 것이 중요하다.

그러나 만다라 그리기 과정은 어느 정도 구조화되어 있기 때문에 초기에는 방법이나 주제를 제시하여 어렵지 않게 다가갈 수 있도록 하는 것이 낫다. 이를 위해서 원 그리기, 몸으로 원 표현하기, 집단 원 놀이 등을 초기에 시도하며, 색종이 오리기, 자신이 원하는 크기의 원을 그려 그 안에 그리고 싶은 것을 그리도록 할 수 있다.

Q11 문양 만다라에 색을 칠하는 것과 다른 그림에 색을 칠하는 것의 차이가 있나요?

문양 만다라는 자체에 중심, 대칭, 규칙, 질서를 지니고 있기 때문에 단순한 색칠 연습이 아니다. 또한 문양 만다라는 삼라만상의 모든 내용을 제시하기 때문에 자기 자신의 에너지뿐만 아니라, 우주의 에너지와 상호 소통하는 것을 무의식적으로 경험하게 된다.

Q12 혼자서 만다라를 그리려고 할 때 명상, 시각화 작업을 어떻게 해야 하나요?

만다라 미술치료 책에 있는 명상 글과 시각화 작업 내용을 본인이 직접

녹음하거나 명상 지도자의 육성을 녹음하여 명상음악과 함께 들으며 진행할 수 있다. 혹은 내용을 기억해서 소리를 내어 말하거나 마음속으로 단계를 따라 진행할 수 있다.

Q13 문양을 제시할 때 나이와 증세에 따라 다른 문양을 주어야 하나요?

방법은 다양하다. 먼저 문양은 선, 내용, 구조, 크기 등으로 나누어 볼 수 있다.

치료사는 곡선이나 직선이 많은 문양, 직선과 곡선이 어우러진 문양을 고루 제시한다. 문양 내용은 단순한 구조, 복잡한 구조, 추상적 이미지, 구체적 이미지를 고루 제시한다. 주제는 내담자에게 적용할 주제에 맞게 식물, 동물, 자연현상, 전통문양, 계절 등을 제시한다. 유아와 초등학교 저학년 아동에게는 가능한 구체적이고 단순한 문양과 주제를 제시하되, 학년이 높아질수록 복잡하거나 추상적이거나 기하학적인 문양을 제시하도록 한다. 그러나 중요한 것은 연령이 높아도 내담자의 상태에 따라 단순한 문양을 원하는 경우도 많다는 것을 간과해서는 안 된다. 병이나 장애의 정도에 따라 단순하고 내용이 구체적인 것에서 출발하는 것을 추천한다.

Q14 장애아동도 만다라 작업을 할 수 있나요?

장애아동에게 만다라 그리기와 제작은 심리적 · 정서적 안정뿐만 아니라 감각운동, 대 · 소 근육운동 등에도 중요한 역할을 한다. 만다라 그리기는 다양한 색 사용을 통한 정서적 표현과 통제력, 집중력, 안정감을 강화한다. 만들기 작업은 위의 효과와 더불어 공간인식, 감각운동, 대 · 소 근육운동, 사회성 함양에도 도움을 준다. 장애유형과 정도에 따라 치료사 혹은 교사는 주제, 재료를 적절하게 계획하여 준비하여야 한다.

Q15 만다라는 어떤 환자나 대상에게 추천하는 것이 좋을까요?

정여주의 『만다라와 미술치료』(2001)에서 환자에게 도움이 되는 내용을 소개하였다. 첨가하면 애도자, 호스피스 환자, 치매 환자, 학교부적응 · 무기력 · 공격성 아동 및 청소년에게도 필요하다. 특히 학교폭력, 학습 장애, ADHD 학생들이 증가하는 상황에서 학생들의 인성교육에도 많은 효과를 주고 있다는 교사들의 피드백을 많이 듣는다.

Q16 만다라 그리는 방향과 내용에 따른 효과는 무엇인가요?

- 원주에서 중심으로 그리기: 마음을 진정시키고 긴장을 누그러지게 한다.
- 중심에서 원주 방향으로 그리기: 기분을 즐겁게 하고 명랑하게 한다.
- 역동적이고 운동성이 많은 문양: 기분을 밝고 명랑하게 한다.
- 단순하고 큰 무늬가 있는 문양: 피곤을 잊게 되고, 복잡한 생각이 감소하며 기분이 좋아지며 활력을 얻는다.
- 단순한 원 반복하여 그리기: 이완이 되고, 집중력을 얻으며 에너지를 회복하게 된다.
- 만다라를 그릴 때 가능한 원주에서 중심으로 향하거나 중심에서 원주로 향하는 것을 선택하여 일정한 방향성을 갖는 것이 만다라가 지닌 질서의 규칙에 따르는 것이다.

Part 2

실제편

Chapter 03 만다라 미술치료 실제

Chapter 03

만다라 미술치료 실제

이완 연습과 상상 여행

- 시작과 끝은 항상 같은 의식으로 반복된다는 것을 경험하게 한다.
- 이완 연습과 상상 여행은 항상 조용하고 편안한 상태에서 이루어지도록 한다.
- 이완 연습을 어려워하는 참여자에게는 자신에게 가장 편안할 수 있는 방법을 찾도록 권유한다. 그러나 대부분 몇 번의 시도를 해 보고 나면 이 연습에 적응하여 몰두하게 된다.
- 눈 감는 것을 어려워하는 참여자가 있을 경우에는 잠시 눈을 감게 한 다음, 다시 눈을 뜨게 하고, 또다시 눈을 감는 시도를 유도한다. 그럼에도 눈을 감는 것을 어려워하면, 눈을 뜨고 손이나 무릎, 발에 시선을 고정시킨 다음 이완 연습과 상상여행을 하도록 권유한다.
- 이완 연습은 처음부터 잘되는 경우보다 몇 번의 연습을 통하여 익숙하게 되기 때문에 지도자는 참여자가 이완이 안 되었다고 불편하게 생각하지 않도록 알려 준다.
- 이완 연습을 시작할 때는 명상음악을 틀어 둔다. 이때 지도자의 목소리가 잘 들리도록 소리를 조절한다.

다음에 소개하는 이완 연습은 참여자의 연령과 수준에 따라 선택할 수 있다.

① 도입-이완 연습

편안하게 앉아서 눈을 감아라.

등을 의자 등받이에 기대라. 엉덩이는 가능한 의자 안쪽에 닿도록 하여라.

두 발을 바닥에 닿게 하여라. 발바닥 전체가 바닥에 닿았는지 바닥에 가볍게 쳐 보아라.
두 손은 무릎 위에 편안하게 올려놓아라.
머리는 자신이 편안한 대로 세워도 되고, 숙일 수도 있다.
이제 자신의 숨소리에만 귀를 기울여라.
숨이 고르도록 천천히 깊게 들이쉬고 내쉬어라.
들이쉬고…… 내쉬고…… 들이쉬고…… 내쉬고…… 들이쉬고……
내쉬고……,
이제 상상 여행을 시작한다…….

② 상상 여행 내용 안내

지도자는 참여자의 연령, 수준에 맞도록 상상 여행 내용을 정하여 천천히 들려준다. 상상 여행 내용은 뒤의 실제편에 소개된다.

③ 마무리

나는 이제 교실/네가 있던 방으로 되돌아왔다.
다시 자리에 가서 앉아라.
눈을 감은 채 손을 움직여라. 두 팔을 펴 보아라.
발도 조금씩 움직여 보아라. 두 다리도 앞뒤로 펴 보아라.
목도 옆으로, 앞으로, 뒤로 움직여라.
다시 한 번 숨을 깊이 들이쉬고 내쉬어라.
이제 눈을 뜬다.

출처: Hund(1998).

신체 이완 명상

- 음악 들려주기
- 안녕하세요. 지금부터 명상 활동을 안내하고자 합니다…….

- 눈을 감고 가장 편안한 자세를 취하세요……. 편안하게 눈을 감고 있되, 내적으로 깨어 있도록 하세요…….
- 몸 이완을 발부터 시작합니다…….
- 숨을 들이쉬고 발가락 끝을 바닥에 누르세요……. 더 누르세요. 좀 더 강하게 누르세요. 긴장감을 유지하세요. 그 상태를 유지하세요. 이제 숨을 내쉬며 긴장을 풀어 주세요. 깊게 숨을 들이쉬고 내쉬기를 하세요. 지금 온몸으로 퍼지는 좋은 기운을 느끼십시오…….
- 이제는 장딴지로 갑니다. 무용수가 발레를 하듯이 발끝을 앞으로 누르고 장단지에 긴장을 주세요. 더 강하게 긴장을 주세요. 좀 더 강하게 하세요. 긴장감을 그대로 유지하세요. 그 상태를 유지하세요. 이제 숨을 내쉬며 긴장을 풀어 주세요. 깊게 숨을 들이쉬고 내쉬기를 하세요. 그리고 지금 당신 몸이 어떤지 느끼십시오…….
- 이제는 허벅다리의 근육에 긴장을 줍니다. 허벅지의 긴장이 발끝까지 흐르도록 하세요. 허벅다리의 근육을 더 긴장시키세요. 좀 더 긴장을 주면서 그 상태를 유지하세요. 그리고 긴장을 풀어 주세요. 숨을 깊게 들이쉬고 내쉬기를 하세요. 그리고 지금 당신 몸으로 퍼지는 기운을 느끼십시오…….
- 이제는 골반과 골반 근육에 긴장을 줍니다. 앉은 자리를 골반으로 누르면서 동시에 골반의 모든 근육을 끌어 올리는 것을 상상하십시오. 좀 더 올리세요. 더 강하게 끌어 올리세요. 이제 그 상태를 유지하세요. 그대로 유지하세요. 조금 더 유지하세요. 긴장을 풀어 주세요. 숨을 깊게 들이쉬고 내쉬세요. 이제 골반에서 시작되는 에너지를 느껴 보십시오.
- 이제 엉덩이 근육을 조여 줍니다. 엉덩이 근육을 힘껏 모아 주세요. 더 강하게 하세요. 더 강하게…… 긴장 상태를 유지하세요. 그대로 유지하세요. 좀 더 유지하세요. 이제 긴장을 풀어 주세요. 숨을 깊게 들이쉬고 내쉬세요. 척추까지 에너지가 흐르는 것을 느끼십시오…….

- 이제는 배를 안으로 끌어당깁니다. 모든 힘을 다해 배의 근육을 안으로 끌어 당기세요. 좀 더 끌어 당기세요. 더 강하게. 이제 그 상태를 유지하세요. 그대로 유지하세요. 이제 긴장을 풀어 주세요. 숨을 깊게 들이쉬고 내쉬세요.
- 이제 가슴 근육과 이두박근을 이완합니다. 두 손바닥을 포개어 가슴을 누르세요. 더 강하게 누르세요. 좀 더 강하게. 이제 그 상태를 유지하세요. 그대로 유지하세요. 그리고 이완하세요. 숨을 깊게 들이쉬고 내쉬세요.
- 이제는 어깨의 근육을 이완합니다. 양 어깨를 가능한 높이 올립니다. 머리를 그 사이에 숨기듯이 양 어깨를 높이 올리세요. 더 올리세요. 그 상태를 유지하세요. 유지하세요. 그리고 어깨의 긴장을 푸세요. 숨을 깊게 들이쉬고 내쉬세요.
- 이제는 목 근육을 이완합니다. 머리를 뒤로 하고, 아래를 누르세요. 뒤로 누르세요. 더 강하게. 그대로 유지하세요. 좀 더 유지하세요. 이제 숨을 깊이 들이쉬고 내쉬세요.
- 얼굴 근육으로 갑니다. 아래턱을 앞쪽으로 내밀고 모든 얼굴 근육을 긴장시키세요. 찡그린 표정을 하여 더 긴장시키세요. 더 긴장시키세요. 그대로 긴장 상태를 유지하세요. 이제 얼굴근육을 풀어 주세요. 숨을 깊이 들이쉬고 내쉬세요…….

출처: Dahlke(2002).

1. 나의 원

재료

4절 · 8절 켄트지, 크레파스, 오일파스텔, 파스텔, 마스킹 테이프, 풀, 정착액, 티슈, 명상음악, CD 플레이어

준비사항

- 편안하게 움직임이 이루어질 수 있도록 공간을 정리한다.
- 휴대전화 소리 및 다른 소음이 없도록 한다.
- 바닥에서 그릴 경우에는 두꺼운 종이를 준비해 밑받침으로 사용하여 바닥 선이 나타나지 않게 한다.
- 명상음악을 틀어 둔다.

활동과정

① 호흡 및 이완 연습

- 4절 혹은 8절 종이를 선택하여 자기 앞에 놓고 채색도구를 열어 둔다.
- 편안한 자세로 앉아 눈을 감고 숨을 3~5번 정도 깊게 천천히 들이쉬고 내쉰다.
- 눈을 감은 채 현재 자신에게 필요한 색을 떠올려 본다.

② 원 그리기

- 눈을 뜬 후에 심상에서 만났던 색을 선택한다.

- 선택한 색으로 원을 한 개 그린다.
- 원은 자신이 원하는 방식로 그린다.
  예) 중심에서 시작하여 원을 점점 크게 그리기
  원을 그린 후 중앙을 향해 색칠하기
  처음 그린 원 위를 계속하여 그리기
- 원을 그릴 때는 마칠 때까지 중지하지 않고 계속하여 그린다.
  단, 중간에 색연필 등이 닳았다면 깎아서 다시 계속한다.
- 완성한 후 그림을 벽에 붙여 두거나 중앙에 모아 감상하며 경험에 대해 이야기를 나눈다.
- 자신이 원하는 곳에 작품을 붙여 두고 감상한다.

Tip

- 종이가 바닥이나 탁자에 고정되도록 붙여 놓고 그리면 좋다.
- 파스텔 사용 후에는 정착액을 뿌려 가루가 날리지 않도록 한다.
- 색을 고를 때 좋아하는 색이나 자신의 상황을 나타내는 색을 선택할 수도 있다.
- 눈 감기를 싫어하는 경우 눈을 깜박이다가 감거나 조금 뜰 수도 있다.

2. 나선 만다라

재료

4절 · 8절 켄트지(하양, 검정, 남색), 채색도구(크레파스, 오일파스텔, 물감 및 물감도구, 색연필, 사인펜, 파스텔 등), 정착액, 마스킹 테이프, 티슈, 명상음악, CD 플레이어

준비사항

- 편안하게 움직임이 이루어질 수 있도록 공간을 정리한다.
- 휴대전화 소리 및 다른 소음이 없도록 한다.
- 바닥에서 그릴 경우에는 두꺼운 종이를 준비해 밑받침으로 사용하여 바닥 선이 나타나지 않게 한다.
- 명상음악을 틀어 둔다.

활동과정

- 4절 혹은 8절 종이를 선택하여 자기 앞에 놓고 채색도구를 열어 둔다.
- 편안한 자세로 앉아 눈을 감고 숨을 3~5번 정도 깊게 천천히 들이쉬고 내쉰다.
- 자기 앞에 놓인 색을 바라보며, 현재 자신에게 끌리는 색을 한 가지 선택한다.
- 중심에서 원주 방향이나, 원주에서 중심 방향을 선택한 후 나선형을 그린다.

- 자신이 완성되었다고 생각할 때까지 계속하여 선을 그린다.
- 완성 후에는 과정의 경험과 느낌을 떠오르는 대로 글로 쓸 수도 있다.
- 집단 활동일 경우에는 완성품을 중앙에 두고 둘러앉아 감상하며 각자 쓴 글을 읽거나 경험을 이야기할 수 있다.
- 자신이 원하는 곳에 작품을 붙여 두고 감상한다.

Tip

- 종이가 바닥이나 탁자에 고정되도록 붙여 두는 것이 좋다.
- 다른 종이를 선택하여 앞의 활동과 반대 방향의 나선형을 그릴 수 있다.
- 물감을 사용할 경우 중간에 물감을 다 쓰면 다시 묻혀서 계속한다.

3. 만남

재료

4절 · 8절 켄트지, 채색도구, 컴퍼스 혹은 다양한 크기의 접시, 연필, 지우개, 다양한 입체 재료, 풀, 가위, 반짝이 풀, 명상음악, CD 플레이어

준비사항

- 집단일 경우에는 둥글게 모여 앉아 서로 인사를 한다.
- 개인마다 넉넉한 자리를 잡을 수 있도록 한다.
- 명상음악을 틀어 둔다.

활동과정

- 각자 자신의 자리에서 활동을 시작한다.
- 호흡 및 이완 연습을 한다.
- 이완 후 자신에게 편안하게 느껴지는 크기의 원을 1개 그린다.
- 원을 그린 후 원 안에 그리고 싶은 것을 마음대로 그린다.
- 그림이 완성되면 집단원들은 그림을 모아 두고 감상한다.
- 각자 자신에게 말을 걸어오는 타인의 만다라를 선택한다.
- 선택한 만다라를 자기 것으로 여기고 원 밖 공간에 자신이 그리고자 하는 그림을 마음대로 그린다.
- 원 안의 그림에는 손을 대지 않도록 한다.
- 그림이 완성되면 집단원들은 다시 모여 그림을 감상한다.

- 타인의 만다라를 선정하게 된 이유와 원 밖의 작업에 대해 이야기를 나눈다.
- 원 안을 그린 사람은 외부 그림에 대한 느낌을 이야기한다.
- 원 안과 원 밖 그림에 대해 서로 질문을 하거나 피드백을 나눈다.
- 그림을 그린 두 사람이 의논하여 제목을 정할 수 있다.

Tip

- 원을 그릴 때 도구를 사용하지 않고 원을 그리거나(완벽한 원이 될 필요는 없다) 컴퍼스 혹은 접시를 이용한다.
- 원 밖을 그리는 사람은 먼저 그린 원과 같은 채색도구를 사용하지 않아도 된다.
- 그림을 그릴 때는 간섭하거나 이야기를 나누지 않는다.

4. 최초의 나의 집

재료

4절 · 8절 켄트지, 4절 · 8절 색 켄트지(무지개 색+분홍, 갈색, 하양, 검정 정도), 채색도구, 반짝이 풀, 마스킹 테이프, 담요 혹은 매트(누울 경우), 쿠션 혹은 동물 인형, 명상음악, CD 플레이어

준비사항

- 이완 연습을 할 때는 공간을 다소 어두운 상태로 둔다.
- 명상음악을 틀어 둔다.
- 휴대전화 소리 및 다른 소음이 없도록 한다.

활동과정

① 호흡 및 신체이완 연습

- 참여자는 의자에 앉은 다음 허리를 펴고 등을 등받이에 댄다.
- 두 발은 완전히 바닥에 닿게 하고, 두 손은 허벅지 위에 놓아 자세를 편안하게 한다. 쿠션이나 동물 인형을 안을 수도 있다.
- 누울 경우에는 태아처럼 몸을 웅크린다.
- 앉아서(누워서) 눈을 감고 숨 쉬는 것에 집중한다.
- 지도자는 집단원이 충분하게 이완상태가 되면 상상 여행 내용을 천천히 들려준다.

② 상상 여행

이제 너는 상상의 세계로 여행을 할 거야.
상상에서는 어떤 것이든 다 할 수 있단다.
자, 이제 상상의 세계로 들어가 보자…….
너는 태아가 되어 엄마의 배 안에 있어…….

엄마의 배 안은 둥글고 마치 편안한 알처럼 보이구나.
배 안은 따뜻한 물로 가득 차 있어…….
너는 눈을 감고 둥근 알 안에서 편안하게 떠 있구나…….
팔은 어떻게 하고 있니…… 발은 어떻게 하고 있니…….
머리는 어떻게 하고 있니…….
원한다면 네가 원하는 대로 몸을 바꾸어도 돼.

너는 따뜻한 엄마 배 안에 떠 있으면서 엄마의 숨소리를 듣고 있어…….
엄마의 숨소리는 편안한 음악소리 같아…….
엄마의 숨소리는 잔잔한 파도소리 같아…….
포~흐, 포~흐, 포~흐, 포~흐, 포~흐, 포~흐, 포~흐…….
엄마의 숨소리를 들으며 너를 그곳에 편안하게 맡겨 두어라…….

기분은 어떻니?
어떤 풍경들이 보이니?
어떤 색깔들이 보이니?
네가 원하는 대로 편안하게 있어라…….

따뜻한 물과 고요한 소리는 너에게 에너지를 준단다…….
이곳은 안전하고 편안한 너의 집이란다…….

자, 이제 천천히 우리가 있는 곳으로 돌아오자…….

눈을 감은 채 손가락과 발가락을 조금씩 움직여 보아라.

목을 이리저리 돌려보고, 두 팔과 다리로 몸을 편 후에 눈을 뜬다.

잠시 그렇게 있어라…….

- 상상 여행에서 돌아와 엄마 배 속에 있는 자기 모습이나 풍경을 한 개의 원 안에 그리거나 입체로 표현한다.
- 완성되면 한 자리에 모여서 배 속에 있던 느낌과 작품에 대해 이야기를 나눈다.

Tip

- 지도자는 상상 여행 시 아기에게 들려주듯이 말을 한다.
- 숨소리를 반복하여 좀 더 들려줄 수 있다.
- 그림을 그릴 동안 조용한 음악을 들려준다.

5. 내 안의 빛

재료

문양 만다라(6~8종류, 각 2~3장), 색 켄트지 4절 · 8절(무지개 색+검정), 색한지(무지개 색+분홍, 갈색 정도), 색연필, 크레파스, 파스텔, 풀, 가위, 칼, 명상음악, CD 플레이어

준비사항

- 지도자는 실내를 어둑하게 해 두고, 명상음악을 틀어 둔다.
- 휴대전화 소리 및 다른 소음이 없도록 한다.
- 문양 만다라를 바닥에 가지런하게 펼쳐 놓는다.

활동과정

① 호흡 및 이완 연습과 상상 여행

편안하게 앉은 다음 허리는 펴고, 두 발은 바닥에 대고 눈을 감으세요.
두 손은 배 아래에 놓고 천천히 깊게 호흡하세요……,
모든 정신을 숨 쉬는 것에만 집중하세요……,
이제 당신을 상상의 세계로 초대하고자 합니다……,
상상에서는 모든 것이 가능합니다……,
당신은 상상의 세계에 들어섭니다……,

자, 당신의 배 안에 작은 빛이 비치는 것을 상상하세요…….
빛은 밝게 빛나며 당신의 배를 따뜻하게 해 줍니다…….
빛은 점점 더 밝아져서 당신의 배 아래, 다리를 환하게 비추며
허벅지, 무릎, 장딴지, 발을 따뜻하게 해 줍니다…….

이제 이 환한 빛은 당신의 배, 가슴, 목을 따뜻하게 비추어 줍니다.
빛은 당신의 팔을 밝혀 주며 손, 손가락을 따뜻하게 해 줍니다…….
당신은 따스한 빛에 기분이 좋아집니다…….
빛은 당신의 얼굴, 머리도 밝혀 주고 있습니다…….

이제 빛은 점점 커져 당신의 온몸을 비추고 있습니다…….
빛으로 온몸이 환하고 따스해집니다…….

이제 빛이 당신에게 말을 합니다.
너는 이 세상에 하나 밖에 없는 귀하고 사랑스러운 존재다…….
너는 마음이 따뜻하고 지혜로운 존재다…….
너의 미소와 웃음은 아름답고 환하다…….
너는 어려움을 이겨나갈 수 있는 힘을 지니고 있단다…….
자연과 위대한 존재가 너에게 미소지으며 말하는 것을 들어 보아라…….
너는 이 세상에 하나 밖에 없는 귀하고 사랑스러운 존재다…….
네가 좋아하는 너의 모습을 생각해 보아라…….

이제 우리가 있는 곳으로 돌아와
손발을 조금씩 움직이고 눈을 뜨십시오.
당신에게 특별한 것, 귀한 것, 당신의 에너지, 좋아하는 것을 그리세요.

- 앞에 있는 만다라 문양 중 마음에 드는 문양을 1개 고른다.

- 자신의 사랑스럽고 밝은 에너지를 잘 표현할 수 있는 색을 골라 칠한다.
- 완성 후 그림 아래에 색 켄트지나 한지를 골라 놓는다.
- 자신의 만다라를 보며 상상 여행에서 들었던 이야기를 되새긴다.
- 집단원이 함께 모여 감상하며 경험한 것을 이야기 나눈다.

Tip

- 상상 내용의 일부는 2~3회 반복하여 들려주어도 좋다.
- 개인치료 경우에는 만다라 문양을 3~4종류 정도 제시한다.
- 문양을 그리고 싶지 않은 경우에는 자유화를 그릴 수 있다.
- 완성한 후에는 만다라를 보며 자신에게 주는 글을 쓸 수 있다.

6. 나의 자원

재료

4절 · 8절 켄트지, 채색도구, 팔레트, 붓, 컴퍼스, 연필, 지우개, 풀, 가위, 잡지, 다양한 입체 재료, 명상음악, CD 플레이어

활동과정

- 호흡 및 이완 연습을 한다.
- 눈을 감은 상태에서 자신에게 있는 자원을 5가지 정도 떠올려 본다. 자원은 자신에게 중요한 것으로 환경, 재능, 가치, 성격, 신앙, 물건 등 어떤 것도 가능하다.
- 종이를 선택한 후 연필이나 좋아하는 색으로 큰 원을 1개 그린다.
- 테두리를 굵게, 가늘게, 진하게, 연하게, 물결선 등 원하는 대로 그린다.
- 큰 원의 중앙에 자신을 상징하는 모양을 작게 그린다.
- 중심에 자기 상징을 그린 후, 주변에 자기 자원 5개를 그려 넣는다.
- 자원의 배치와 크기는 원하는 대로 한다.
- 완성하면 중심이 있는 한 개의 만다라가 만들어진다.
- 원 밖의 공간은 꾸미거나 비워 둘 수 있다.
- 그림을 한곳에 모아 두고 감상하며 이야기를 나눈다.

Tip

- 자기 자원을 잘 생각할 수 있도록 시간을 충분히 준다.

- 원을 그릴 때 먼저 연필로 그린 후 색칠해도 된다.
- 원은 폐곡선이 아니어도 된다.
- 참여자가 자원이 5가지가 안 된다고 하면 원하는 대로 할 수 있다고 하되, 지도자는 가능한 5가지 자원을 떠올릴 수 있도록 유도한다.
- 5가지 자원보다 더 많은 자원을 그려 넣을 수 있다.
- 콜라주 또는 입체 재료로 꾸미거나 그림과 콜라주를 함께할 수 있다.

7. 위대한 존재

재료

4절 · 8절 켄트지, 스티로폼 구, 채색도구, 풀, 오공본드, 색한지, 색지 끈, 다양한 공예 재료, 자연물, 명상음악, CD 플레이어

준비사항

- 활동 공간을 명상할 수 있도록 준비해 둔다.
- 여러 가지 재료를 한눈에 볼 수 있도록 정리하여 펼쳐 둔다.
- 명상음악을 틀어 둔다.

활동과정

- 충분한 호흡 및 이완 연습을 한 후 주제에 들어간다.
- 지도자는 주제에 대해 설명한다.
- 현재 나에게 위대한 존재는 어떤 존재인가를 생각한다.
- 나에게 기쁨과 경탄을 주고, 슬픔이나 고통을 위로해 주며, 있는 그대로의 자신을 봐 주면서 받아 주는 존재, 나를 맡길 수 있는 위대한 존재를 생각한다.
- 그 존재는 인간일 수도 있고, 신일 수도 있고 자연일 수도 있다.
- 위대한 존재를 원이나 구 형태로 선택하여 원 안에 그리거나 구의 형태로 꾸민다.
- 콜라주나 입체 작업도 가능하다.

- 완성한 후에는 위대한 존재에게 보내는 나의 기도나 위대한 존재와의 대화를 글로 쓴다.
- 지도자 및 집단원들과 경험과 작품에 대한 느낌을 이야기 나눈다.

Tip

- 눈을 감고 주제를 들을 수 있다.
- 작품을 보며 떠오르는 기도나 생각을 단어, 짧은 글, 문장 등으로 의식의 흐름대로 쓴다.
- 글쓰기는 생략할 수 있다.

8. 나에게 지혜를 주는 분

재료

4절 · 8절 켄트지, 채색도구, 풀, 오공본드, 색한지, 색지 끈, 다양한 공예 재료, 자연물, 명상음악, CD 플레이어

준비사항

- 활동 공간을 명상할 수 있도록 준비해 둔다.
- 명상음악을 틀어 둔다.

활동과정

- 호흡 및 이완 연습을 한다.
- 지도자는 상상 여행을 안내한다.

이제 너를 상상의 세계로 초대하고자 한다…….
상상에서는 모든 것이 가능하니 마음대로 상상할 수 있어…….
이제 너는 상상 속의 세계에 들어간다…….

너는 숲속을 걷고 있구나. 고개를 들어 나무들을 바라보아라…….
키 큰 나무들과 싱그러운 나뭇잎들이 너를 바라보고 있다.
나뭇잎 사이로 비추는 햇살은 따스하고 보석처럼 반짝인다…….
신선한 공기와 부드러운 바람이 너의 얼굴을 어루만져 준다.

새소리…… 물소리…… 바람 소리…… 숲의 향기를 느껴 보아라…….

햇빛은 네가 가는 길에 그늘을 만들어 준다…….

숲길을 따라 걷는데 멀리 작은 벤치가 보인다.

그곳으로 다가가자 온화한 모습의 어떤 분이 웃으며 너를 기다리고 있다…….

이분은 네가 아는 분일 수도 있고, 모르는 분일 수도 있다.

이분은 너를 반갑게 맞아 주시며 시원한 물을 건넨다.

너는 물을 받아 마시고 이분 옆에 앉는다.

이분은 너의 고민에 해결방안을 줄 수 있는 지혜로운 분이다.

이분을 믿고 너의 고민이나 어려움을 이야기하여라…….

이분은 편안하고 온화한 모습으로 너의 이야기를 듣는다…….

그리고 너에게 힘이 되는 지혜로운 말을 조용하게 들려준다…….

너는 이분의 이야기를 가슴 깊이 새겨듣는다…….

너는 이제 이분과 인사를 하고 왔던 길을 되돌아간다.

햇빛은 너를 환하게 비추며 새들도, 나무들도 너를 위해 노래한다.

너는 힘이 생긴 것을 느낀다.

이제 우리가 있는 곳으로 다시 돌아오너라.

손발을 천천히 움직이며 눈을 뜬다.

- 지혜로운 분을 그리거나 혹은 숲의 풍경 또는 자신이 지혜로운 분과 만나는 광경을 그린다.

Tip

- 지혜로운 분은 부모, 지도자, 스승 등 알고 있는 분일 수도 있다.

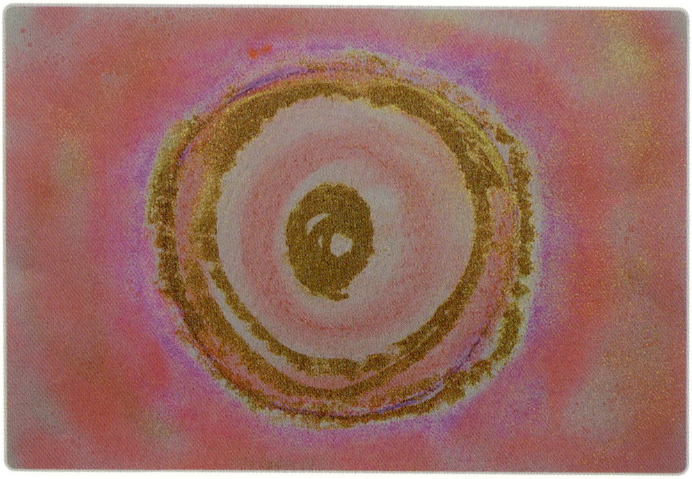

9. 소망 구슬

재료

4절 · 8절 켄트지, 채색재료, 스티로폼 구(지름 5cm 정도나 그 이상), 색한지, 꽃, 다양한 입체 재료, 풀, 가위, 칼, 색지 끈, 글루건 · 글루 혹은 본드, 종이접시, 공예철사, 명상음악, CD 플레이어

준비사항

- 모든 재료를 집단원 및 내담자가 한눈에 볼 수 있도록 배열한다.
- 음악을 틀어 두어 조용한 분위기를 조성한다.

활동과정

- 지도자의 안내에 따라 호흡 및 이완 연습을 한다.
- 지도자는 참여자에게 스티로폼 구를 1개씩 나누어 준다.
- 구를 두 손에 들고 눈을 감은 채 지도자의 말을 듣는다.
- 지도자는 주제 내용을 들려준다.

두 손에 구슬을 들고 있다고 상상합니다.
이 구슬은 당신의 소망이 이루어지는 것을 보여 주는 마법의 구슬입니다.
지금 당신의 소망은 무엇인가요?
여러 개가 있다면, 가장 바라는 한 가지 소망을 떠올리세요…….
그 소망은 구슬 안에 들어 있습니다…….

마음의 눈으로 구슬 안에서 소망이 서서히 모습을 드러내는 것을 바라보세요…….
잘 보이지 않아도 걱정하지 말고 간절하게 소망하며 기다리세요…….
소망이 나타날 때까지 기다리세요…….
소망이 나타나면 가만히 들여다보세요…….

- 눈을 뜨고 소망 구슬에서 본 풍경을 스티로폼에 바로 그리거나 장식한다.
- 완성 후에는 둘러앉아 작품을 감상하며 이야기를 나눈다.
- 완성품을 자신이 원하는 공간에 배치한다.
- 소망 구슬을 놓는 주변 공간도 꾸밀 수 있다.

Tip

- 스티로폼 작품은 천정이나 창문 등에 매달 수 있다.

10. 집단 만다라

재료

문양 만다라 확대 복사(3~4종류, 2절 정도 크기), 채색도구, 마스킹 테이프, 휴지, 정착액, 다양한 입체 재료

준비사항

- 3~4종류의 문양 만다라를 각 2~3장씩 확대 복사하여 둔다.
- 공간을 넓게 사용할 수 있도록 준비한다.

활동과정

- 참여자는 지도자의 안내에 따라 호흡 및 이완 연습을 한다.
- 지도자는 3~4종류의 만다라를 바닥에 제시한다.
- 참여자는 문양을 보고 마음에 드는 만다라 앞에 가서 선다.
- 참여자들은 의논하거나 간섭하지 않고 말없이 함께 만다라를 그린다.
- 완성된 후에는 감상하며 과정 동안에 느낀 것들을 이야기 나눈다.
- 참여자들은 각 팀의 작품을 감상하고 피드백을 주고받는다.

Tip

- 각 만다라마다 4~6명 정도의 집단이 구성되는 것이 바람직하다.
- 소집단 구성을 위해 서로에게 공통점이나 상이한 점들을 발견하여 만나는 방식도 추천한다.

■ 한 만다라에 참여자가 많으면 팀을 나누어 같은 문양을 그리도록 한다. 이러한 상황을 고려해 복사를 충분히 해 둔다.

11. 나 그리고 우리 만다라

재료

전지(집단별로 4장 정도), 채색도구, 연필, 지우개, 풀, 가위, 잡지, 색종이, 색한지, 모루, 자연물, 철사, 다양한 입체 재료, 마스킹 테이프, 글루건 혹은 글루, 본드

준비사항

- 공간을 넓게 사용할 수 있도록 정리해 둔다.

활동과정

- 6~8명 정도 한 집단을 만든다.
- 참여자들끼리 의논하여 자유로운 방법으로 집단을 나눈다.
- 각 집단원들은 전지 4장 정도를 붙여서 큰 원을 그린다.
- 원을 오린 다음 주제를 정하거나 주제 없이 만다라를 제작한다.
- 인원수만큼 피자 모양이나 다른 모양으로 잘라 한 조각씩 가진다.
- 각자 자기 자리에 가서 혼자 작업한다.
- 완성 후에 다시 모여 부분을 끼워 맞춰 본래 원을 만든다.
- 집단원 모두 모여 감상을 한다.
- 차례대로 느낌과 경험에 대해 이야기 나누며 피드백을 한다.

Tip

- 큰 원을 그릴 때 기다란 종이 컴퍼스를 만들거나 끈을 이용한다.
- 감상 시간에 집단원들은 각 집단 만다라가 있는 곳으로 이동하여 이야기를 나눈다.
- 원을 자르지 않고 집단원이 모여서 동시에 만다라를 제작할 수 있다.

12. 사 원소 집단 만다라

재료

전지(집단별로 4장 정도), 4절 · 8절 켄트지, 채색도구, A4 용지, 색 켄트지, 색한지, 다양한 입체 재료, 자연물, 연필, 지우개, 가위, 칼, 마스킹 테이프, 목공풀, 풀, 글루건 혹은 글루, 화장지, 명상음악, CD 플레이어

준비사항

- 지도자는 사 원소(불, 물, 공기, 흙)에 해당하는 각각의 단어를 작은 종이에 적어 둔다.

활동과정

- 고대에 우주 구성의 기본 요소로 믿었던 사 원소에 대해 이야기를 나눈다.
- 지도자의 안내에 따라 호흡 및 이완 연습을 한다.
- 자신을 소우주로 생각하고, 자신의 사 원소를 생각한다.
- 자신에게 많은 원소와 적은 원소, 환경과 연령에 따라 원소 변화가 있는지를 생각한다.
- 지도자는 불, 물, 공기, 흙의 상위 범주 아래에 해당내용의 종이를 배열한다.
- 참여자는 자신에게 가장 많이 작용하는 한 단어를 선택한다.
- 사 원소에 참여자가 고루 구성되도록 소집단을 만든다.

- 집단원은 큰 원이나 정방형을 그린 다음, 그 안에 자신의 원소를 그리거나 입체적으로 표현한다.
- 사 원소를 구체적 또는 상징적으로 표현한다.
- 완성되면 모여 앉아 표현된 사 원소를 보면서 이야기를 나눈다.

Tip

- 사 원소
  - 불: 불, 빛, 램프 불, 횃불, 장작불, 벽난로 불, 아궁이 불, 광선, 촛불, 활화산 등
  - 물: 바다, 강, 호수, 샘물, 냇물, 우물, 폭포, 비, 홍수, 눈물 등
  - 공기: 하늘, 구름, 바람, 호흡, 수증기, 안개 등
  - 흙: 땅, 정원, 집, 동굴, 들판, 논, 사막, 산, 모래, 진흙, 이끼, 나무 등
- 제시 단어 외에 스스로 원소 단어를 떠올려 사용할 수 있다.
- 주변에서 자연물을 구할 수 있는 경우에는 자연물을 사용한다.
- 집단활동 후 개별적으로 자신에게 부족한 원소를 그리거나 만들 수 있다.

13. 사 원소 개인 만다라

재료

4절 · 8절 켄트지, 채색도구, A4 용지, 연필, 지우개, 색 한지, 다양한 입체 재료, 자연물, 가위, 칼, 마스킹 테이프, 목공풀, 풀, 글루건 혹은 글루, 화장지, 명상음악, CD 플레이어

활동과정

- 지도자의 안내에 따라 호흡 및 이완 연습을 한다.
- 지도자는 사 원소(불, 물, 공기, 흙)에 대해 간단히 설명한다.
- 각자 자신에게 존재하는 사 원소를 생각한다. 자신의 성격, 기질, 행동 패턴 등과 관련하여 사 원소를 떠올린다.
- 각 원소에 해당하는 내용, 색, 느낌 등을 떠올린다.
- 자신에게 편안하게 느껴지는 크기의 원 하나를 그린다.
- 원 안에 사 원소에 해당되는 내용을 형태, 색으로 묘사한다.
- 각 원소의 크기, 위치와 범위는 본인이 자유롭게 결정한다. 그러나 반드시 사 원소가 존재하도록 한다.
- 사 원소 만다라를 완성한 후 혼자서 감상한다. 각 원소에 대한 자신의 심리적 · 신체적 · 기질적 · 사회적 관계를 살펴본다.
- 사 원소 중에 자신에게 많은 부분과 적은 부분을 비교하면서 균형과 조화를 위하여 자신에게 더 필요한 것이 무엇인지 고찰한다.
- 치료사 또는 지도자와 이야기를 나눈다.

Tip

- 치료사와 원소의 특성, 색, 형태 등에 대해 이야기를 나눌 수 있다.
- 사 원소를 각각 따로 만다라 형태로 그리는 시도를 할 수 있다. 즉, 네 종류(불, 물, 공기, 흙)의 만다라를 표현한다.
- 사 원소를 입체 작업으로도 할 수 있다.

14. 음양 만다라

재료

4절 · 8절 켄트지, 채색도구, 컴퍼스, 다양한 입체 재료

활동과정

- 눈을 감고 호흡 및 이완 연습을 한다.
- 음과 양의 의미를 생각한다.
- 지도자는 음과 양의 예를 들어 준다.
  - 음: 달, 밤, 여성, 공간, 부드러움, 수동, 곡선, 식물 등
  - 양: 태양, 낮, 남성, 시간, 강함, 능동, 직선, 동물 등
- 참여자는 종이에 적당한 크기의 원을 그린다.
- 원 안에 음과 양의 내용이 고루 섞일 수 있도록 구성한 후 색칠한다.
- 완성한 후 작품에 대해 이야기를 나눈다.

Tip

- 잘 알려진 음양 문양(☯)을 활용하여 색칠할 수 있다.
- 음양 표현에 형태, 색, 내용을 함께 고려할 수 있다.
- 음양 주제를 입체 작업으로도 표현할 수 있다.

변형

- 원을 그린 다음 중심에서 반 정도는 여성적 형태와 색을 칠한다. 나머지 부분은 남성적 형태와 색을 칠한다. 원은 반드시 폐곡선이 아닌 자연스럽게 개방된 형태가 될 수도 있다.
- 원을 그린 다음 중심과 그에 가까운 부분은 남성적 형태와 색을 칠한다. 나머지 부분은 여성적 형태와 색을 칠한다.

15. 무지개 만다라

재료

4절 · 8절 켄트지, 채색도구, 컴퍼스, 자, 연필, 지우개, 화장지

활동과정

- 호흡 및 이완 연습을 한 후 마음속으로 무지개를 떠올린다.
- 4절 또는 8절 종이를 선택한 후 원하는 크기의 원을 그린다.
- 원 안에 7개의 동심원을 그린다. 혹은 중심에서 피자 모양으로 7칸을 나누거나 색을 칠하면서 자연스럽게 구분이 되도록 한다.
- 원주에서 중심 방향이거나 중심에서 원주 방향으로 색칠하는 순서를 정한다.
- 무지개 색을 차례대로 색칠한다.
- 색을 칠한 후 무지개에 대해 느끼는 것을 적거나 집단인 경우에는 작품에 대해 이야기를 나눈다. 이때 자신이 기피하는 색이 있었는지, 선호하는 색은 어떤 것인지 살펴본다.

Tip

- 원 안을 형태로 그려 넣을 수도 있다. 이때 자유롭게 그리거나 자를 이용할 수 있다.
- 나선형으로 무지개를 색칠한다.
- 사람 형상의 문양에 챠크라 원리대로 색을 칠한다.

■ 무지개를 입체작업으로도 표현할 수 있다.

16. 내 마음의 무지개

재료

4절 · 8절 켄트지, 채색도구, 연필, 컴퍼스, 지우개

준비사항

- 채색도구는 넉넉하게 준비하고 뚜껑을 열어 둔다.

활동과정

- 호흡 및 이완 연습을 한 후 마음속으로 무지개를 떠올려 본다.
- 4절이나 8절 종이를 선택한 후 원하는 크기의 원을 그린다.
- 원 안에 7개의 동심원을 그린다. 각각의 동심원은 폭이 다를 수 있다.
- 조용히 색을 바라본 후 자신의 마음을 끄는 색을 7개 선택한다.
- 자신의 마음을 가장 끄는 색을 순서대로 놓는다.
- 놓은 색을 순서대로 하여 중심에서 원주 방향 혹은 원주에서 중심 방향으로 색칠한다.
- 색을 칠한 후 자신의 무지개에 대한 느낌을 적는다.
- 치료사나 집단원과 이야기를 나눈다.

Tip

- 원을 그릴 때는 컴퍼스를 이용하거나 자연스럽게 그릴 수 있다.
- 나선형으로 무지개를 색칠한다.

■ 문양을 이용하여 무지개를 그릴 수 있다.

17. 만다라 CD 케이스

재료

만다라 문양(4~6종류), 색지 혹은 색한지, CD 케이스, 채색도구, 연필, 컴퍼스, 가위

준비사항

- 만다라 문양은 12×12cm나 그보다 작게 축소 복사한다.

활동과정

- 참여자는 편안한 자세로 앉거나 누워 호흡 및 이완 연습을 한다.
- 눈을 감고 현재 자신을 나타내는 색과 형태 등을 떠올린다.
- 눈을 뜨고 마음에 다는 문양을 골라 자기와 관련된 색들을 칠한다.
- 완성 후 함께 감상하며 경험을 이야기 나눈다.
- 만다라를 CD 케이스에 맞게 오려 표지로 끼운다.

Tip

- 휴대전화, 컴퓨터 배경화면 혹은 일기장의 표지로 사용한다.

18. 미완성 만다라

재료

미완성 문양 만다라 6종류 정도, 채색도구, 도형 자, 컴퍼스, 연필, 지우개

준비사항

- 사전에 완성 문양을 골라 반 정도 삭제 작업하여 미완성 문양으로 만들어 복사해 둔다.
- 곡선과 직선, 큰 문양과 작은 문양 등 미완성 만다라를 고루 준비한다.

활동과정

- 참여자가 미완성 문양의 만다라를 선택하도록 몇 종류 제시한다.
- 참여자는 미완성 문양의 만다라 1개를 선택한 후 도형 자, 컴퍼스를 이용하여 자신의 방식대로 문양을 완성한다.
- 도구를 이용하지 않고 자유롭게 미완성 문양을 완성할 수 있다.
- 문양을 완성한 후 색을 칠한다.

Tip

- 참여자에 따라 전체 문양의 1/2, 1/3, 1/4 정도만 제시할 수 있다.
- 참여자는 처음부터 자신이 만다라 문양을 구상하고 완성할 수 있다.
- 이 활동은 완성된 문양 만다라 그리기를 어느 정도 연습한 후에 하는

편이 좋다.

19. 미로 그리기

재료

미로 문양 복사본(A4 크기의 4종류 정도, 인원수의 2배 수량), 채색도구

준비사항

- 미로 문양, 미로에 대한 시와 명상 글을 복사해 둔다.
- 미로 문양 만다라를 공간의 중앙에 사방위 형태로 배열해 둔다.

활동과정

- 지도자는 미로의 의미와 형태에 대해 소개한다.
- 미로에 대한 시, 명상 글을 참여자들에게 1장씩 나누어 준다.
- 참여자는 미로 관련 글을 읽고 미로의 의미를 되새긴다.
- 지도자의 안내에 따라 호흡과 이완 연습을 한다.
- 미로 문양 중 1개를 선택하여 색칠을 한다.
- 색칠은 미로 입구에서 시작하여 중심으로 그려 나간다.
- 미로 완성 후 감상하며 경험을 글로 살 수 있다.
- 집단 경우에는 작품을 감상하며 경험 이야기와 피드백을 교환한다.

Tip

- 색을 칠할 때는 미적 효과보다 자신에게 끌리는 색을 선택할 수 있도록 한다.

■ 색칠하는 동안에는 타인과 이야기하지 않고 자신에게 몰두할 수 있어야 한다.

20. 미로 동행

재료

미로 문양 복사본(인원수만큼), 채색도구

준비사항

- 미로 체험을 하기 전에 파트너를 정한다.

활동과정

- 지도자는 미로에 대해 간단히 설명한다.
- 지도자는 참여자들에게 파트너를 정한 후 역할을 바꿔 가며 미로 체험을 한다는 것을 알려 준다.
- 파트너끼리 자리에 앉아 안내자와 체험자 역할을 정한다.
- 체험자는 눈을 감고 기다린다.
- 지도자는 미로 문양을 각 팀에게 나누어 준다.
- 안내자는 탁자 위에 미로 문양을 테이프로 고정한다.
- 안내자는 눈을 감은 파트너의 손을 잡고 미로를 따라 중심으로 잘 가도록 안내하며 도와준다.
- 체험자는 눈을 감은 채 파트너의 도움을 받아 집게손가락으로 미로를 따라간다. 체험자는 자신의 의지를 내려놓고 말없이 안내자만 따라간다.
- 중심에 도착하면 잠시 멈춘 후, 출구를 향하여 되돌아온다. 이때도

안내자와 체험자 역할은 계획된다.

- 체험자는 출입구를 나오면 눈을 감은 상태에서 잠깐 머무르다 눈을 뜨고 간 길을 바라본다.
- 서로 역할을 바꾸어 한다.
- 모두 마친 후 서로 역할, 신뢰, 안내에 대한 이야기를 나눈다.
- 각자 미로 문양에 색칠을 한다. 혹은 눈을 뜨고 손가락이나 색연필을 이용하여 미로를 들어갔다 나올 수 있다.

Tip

- 체험자는 안내자에게 모든 것을 맡긴다. 안대를 사용할 수 있다.
- 안내자는 파트너의 손을 잡고 천천히 안내하도록 주의를 기울인다.
- 개인 치료인 경우에는 치료사가 안내자 역할을 한다.

21. 미로 만들기

재료

미로 문양 복사본 3~4종류, 4절 · 8절(마분지 혹은 폼보드), 아이클레이, 점토, 다양한 공예 재료(작은 돌멩이, 색지끈, 털실, 작은 조개, 꽃잎, 목공예재료, 비즈 등), 풀, 목공풀, 글루건 혹은 글루

활동과정

- 지도자는 미로에 대한 설명과 만드는 방법을 안내한다.
- 참여자는 각자 자신이 원하는 문양을 1개 선택한다.
- 미로 문양을 따라가며 마음에 드는 재료들을 붙이거나 배열한다.
- 큰 미로를 만들려면 문양을 켄트지에 크게 그린 후 구성한다.

Tip

- 한 가지 재료만 사용해도 되고, 동시에 다양한 재료를 사용할 수도 있다(예: 돌멩이 미로, 색지 끈 미로, 점토 미로, 비즈와 조개 미로, 꽃잎 미로 등).
- 이 작업은 2~4명이 공동으로 할 수 있다.

22. 미로 걷기

재료

미로 문양 복사본, 채색도구, 굵은 노끈(수십m 길이), 돌 혹은 자연물

준비사항

- 그리스 신화 『아리아드네의 실타래』 내용 복사 또는 책 이용(지도자용)

활동과정

- 참여자는 원형으로 둘러앉아 미로 주제에 대해 듣는다.
- 지도자는 그리스 신화 『아리아드네의 실타래』를 읽어 준다.
- 참여자들은 미로문양 복사본을 참조하여 바닥에 큰 미로를 끈으로 만든다. 참여자들이 다닐 수 있을 정도의 폭을 고려한다.
- 미로 중심에 돌이나 꽃을 놓아 둘 수 있다.
- 끈으로 만든 미로를 완성한 후 감상한다.
- 지도자는 미로 걷기를 위한 메시지를 참여자들에게 배부한다.
- 메시지를 읽은 후 한 사람씩 출입구에서부터 걷기 시작한다.
- 말 없이 걷다가 중심에 도착하면 중심에서 잠시 머무른다.
- 다시 출발 지점, 입구로 향한다.
- 출입구에 도착한 후에도 잠시 머무른다.
- 미로 걷기 체험을 의식의 흐름대로 글로 쓰거나 출발 전에 받았던 메시지에 대한 답을 생각하거나 글로 쓸 수 있다.

미로 명상 내용

- 미로를 들어가고자 하는 지금 나의 상태는 어떤가?
- 미로의 중심에서 찾고 싶은 것은 무엇인가?
- 나에게 미노타오로스는 무엇인가?
- 나의 삶에서 나에게 실타래를 준 인물이나 사건은 무엇인가?
- 나는 어떤 실타래를 받았거나 받고 싶은가?
- 실타래를 잃지 않기 위해서 나는 어떻게 할 것인가?
- 내가 실타래를 건네준 사람은 있는가? 있다면 그 사람은 누구이고, 어떤 상태였는가?
- 내가 타인에게 건네준 상징적 실타래는 무엇인가?
- 미로에 나오면서 변화되고 싶은 것은 무엇인가?

Tip

- 미로걷기는 야외나 넓은 바닥과 충분한 시간이 있을 때 가능하다.
- 미로걷기를 한 후에 미로 문양 복사본을 칠하거나 반대로 할 수 있다.
- 미로걷기를 할 때 처음에는 가능한 한 사람씩 걷도록 한다.

아리아드네의 실타래

그리스 남쪽 섬나라의 크레타 왕 미노스는 왕비와의 사이에서 아들을 얻게 되었다. 그러나 이 아들의 머리는 소, 몸은 인간의 형상을 한 괴물, 즉 우인(牛人)이었다. 아들의 이름은 미노타우로스라고 지었는데, 아들이 먹는 음식은 오직 사람 고기뿐이었다. 왕 미노스는 아들 미노타우로스 때문에 골치가 지끈거렸지만 그렇다고 죽일 수는 없어서 궁리를 한끝에 미궁(迷宮)을 만들어 아들을 이곳에 영원히 가두어 두고자 하였다.

미노스 왕은 그 당시 자기 나라에 살고 있는 아테나이 출신인, 솜씨가 좋기로 이름난 다이달로스에게 미궁을 만들 것을 명하였다. 마침내 다이달로스는 왕의 명령을 받고 들어갈 수는 있어도 영원히 나올 수 없는 미궁을 완성하였다. 미궁은 사람이 들어갈 수는 있으나 길이 워낙 꼬불꼬불하고 험해서 다시는 나올 수 없는 죽음의 감옥이었다. 이러한 미궁 속의 길을 미로라고 한다.

다이달로스가 미궁을 완성하자 왕은 괴물 아들 미노타우로스를 그곳에 가두어 버렸다. 그런 후 미노스 왕은 약소국인 아테나이 왕에게 해마다 선남선녀 12명을 제물로 바치도록 명령하였다. 희생 제물로 뽑힌 아테나이 출신의 선남선녀들은 해마다 미궁에 있는 미노타우로스의 밥이 되는 것이다. 미궁에 들어간 사람들은 비록 미노타우로스를 피한다 하더라도, 돌아오는 길을 찾는다는 것은 불가능하였다.

그러자 아테나이 왕자인 테세우스는 계속되는 희생을 참지 못하고, 자신도 함께 제물이 되어 미궁으로 들어가 미노타우로스를 처치하려고 하였다. 그러나 크레타 공주인 아리아드네는 선남선녀와 함께 제물로 바쳐지게 된 아테나이 왕자 테세우스를 보고 첫눈에 반하게 되었다. 아리아드네는 테세우스가 죽음의 길, 영원히 돌아올 수 없는 미궁으로 던져지는 것을 가만히 보고 있을 수가 없었다. 그리하여 공주는 테세우스가 미궁으로 들어가기 전에 그를 몰래 찾아가 큰 아마 실타래를 건네주었다.

마침내 테세우스는 다른 선남선녀들과 함께 미궁으로 들어가면서 가슴에 숨겨 두었던 실타래 끝을 미궁 문설주에 묶어 놓고 실을 풀어가면서 천천히 걸어갔다. 왕자는 공주가 준 실타래를 풀어 가면서 미노타우로스가 갇혀 있는 곳으로 가서 미노타우로스를 죽이고 자기 나라의 선남선녀들을 구하여, 다시 실을 따라 미궁 밖으로 나오는 영웅이 되었다.

– 이윤기(2000). 『그리스 로마신화』

23. 나선의 글

재료

8절 켄트지, A4 용지, 연필, 볼펜, 사인펜, 색연필, 크레파스, 파스텔, 휴지 혹은 티슈, 정착액

활동과정

- 참여자는 편안한 자세로 앉거나 누워 호흡 및 이완 연습을 한다.
- 켄트지를 앞에 두고 채색도구는 펼쳐 둔다.
- 현재 자신에게 떠오르는 의식, 생각의 흐름을 나선형 모양으로 따라가며 적는다. 마침표를 붙이지 않고 계속 이어 쓴다. 논리적 · 이성적 · 합리적 생각을 고려하지 않고 적는다.
- 중심에서 시작하거나 바깥에서 중심으로 나선 글을 쓸 수 있다.
- 글자가 틀려도 지우지 말고 그대로 써내려 간다.
- 매체와 색은 바꿔가며 사용할 수 있다.
- 안에서 밖으로 향하는 시도를 한 사람은 자신이 원하는 지점에서 마칠 수 있다.
- 완성 후 혼자 자기 글을 읽으면서 제목을 적거나, 나선 글 위 또는 주변을 색칠할 수 있다.
- 집단인 경우에는 과정의 느낌을 말하거나 자기 글을 낭송한 후 피드백을 교환할 수 있다.

Tip

- 검은색 종이에 흰색 색연필로 적어도 된다.
- 참여자가 나선 글쓰기를 할 때 지도자는 아무에게도 방해받지 않도록 주의를 준다.
- 나선 방향을 역으로 계속해서 쓰고 싶을 때는 그렇게 할 수 있다.

24. 개인 의학바퀴

재료

36개 돌(비즈, 조개, 색지 끈, 꽃잎, 곡물, 나무열매 등), 천이나 우드락, 4절 · 8절 켄트지 혹은 색 켄트지 혹은 색 한지, A4 용지, 연필, 칼, 가위, 풀

준비사항

- 지도자는 의학바퀴(medicine wheel) 문양을 복사해 둔다. 돌을 놓은 순서가 의학바퀴에 제시되어 있다.

활동과정

- 지도자는 북미 원주민 의학바퀴 형태를 보여 주면서 상징을 설명한다.
- 각자 의학바퀴 문양을 보고 A4 용지에 의학바퀴를 순서대로 그린다. 방위를 상단 구석(예: 북 혹은 N)에 표시한다.
- 큰 천이나 우드락 혹은 원하는 종이를 바닥이나 탁자 위에 놓는다.
- 눈을 감고 돌을 만져 촉감을 느끼며, 돌의 나이, 돌의 환경, 역사 등을 생각하고 돌과 우주가 하나라는 것을 상상한다.
- 의학바퀴를 그린 것을 보며 돌을 순서대로 놓는다.
- 돌을 다 놓은 후 눈을 감고 잠시 명상을 한다.
- 체험한 것을 글로 쓸 수도 있다.
- 지도자와 함께 의학바퀴 체험에 대해 이야기를 나눈다.

Tip

- 다른 매체를 사용하여 의학바퀴를 만들 수 있다.
- 자신이 좋아하는 것, 소망하는 것 등을 36자리마다 적을 수 있다.

36개 돌이 지닌 정신

1. 창조주, 2. 어머니 대지, 3. 아버지 태양, 4. 할머니 달, 5. 거북이, 6. 개구리, 7. 천둥새, 8. 나비, 9. 북쪽 영혼지기, 10. 동쪽 영혼지기, 11. 남쪽 영혼지기, 12. 서쪽 영혼지기, 13. 흰기러기, 14. 수달, 15. 퓨마, 16. 붉은 매, 17. 비버, 18. 사슴, 19. 딱따구리, 20. 철갑상어, 21. 갈색 곰, 22. 까마귀, 23. 뱀, 24. 엘크, 25. 정화, 26. 갱신, 27. 순수, 28. 명석함, 29. 지혜, 30. 깨달음, 31. 성장, 32. 신뢰, 33. 사랑, 34. 경험, 35. 통찰, 36. 힘

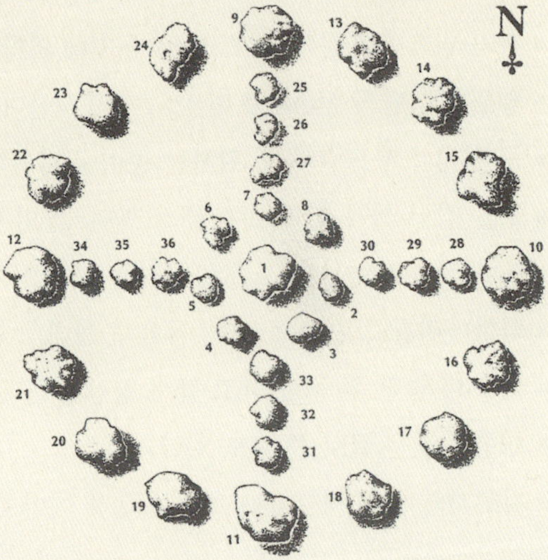

의학바퀴

의학바퀴는 북미 원주민들이 다양한 목적으로 사용하였던 것으로, 기도, 명상, 관조의 장소였다. 의학바퀴는 자연과 내적 연결, 인간 자체에 대한 더 높은 이해와 전체 창조에 대한 인간의 태도와 관련 있다. 의학바퀴는 대지의 에너지를 분명하게 느낄 수 있는 곳이면 어디든지 만들 수 있다. 1년의 열두 달을 '한 해의 바퀴' 라는 이름을 주었고 원으로 형상화한다. 이 거대한 원은 우리의 육체와 정신과 영혼의 집이다. 원은 우리 주변에 있는 다른 모든 것과의 만남이며, 조화를 경험하는 길이다. 의학바퀴의 원은 우주다. 의학바퀴 원은 변화, 삶, 죽음, 탄생과 배움이다. 북미 원주민들이 사용하는 의학바퀴에 대한 해석은 매우 다양하다. 그러나 어느 것도 틀린 것이 아니라, 그들이 사는 지역, 전통에 따르는 것이므로 이를 이해해야 한다.

25. 집단 의학바퀴

재료

의학바퀴 복사본(인원수만큼), 36개 돌, 전지 혹은 천, 4절 켄트지, 색 켄트지, 색한지, A4 용지, 연필, 지우개, 칼, 가위, 입체 재료 등

준비사항

- 참여자들은 바닥에 원형으로 앉는다. 바닥에 천이나 종이를 깔아 둘 수 있다.

활동과정

① 개인 작업

- 지도자는 북미 원주민의 의학바퀴를 설명한 후 의학바퀴 복사물을 각자에게 배부한다.
- 참여자는 의학바퀴 문양을 보고 A4 용지 상단 구석에 방위를 표시한다.
- 연필로 의학바퀴를 순서대로 그려 본다.
- 개인 연습이 끝난 후 집단원은 큰 원으로 둘러앉는다.

② 집단 작업

- 집단 인원에 따라 돌과 1~36의 번호를 나누어 가진다.
- 돌의 촉감을 느끼며, 돌이 우주와 하나라는 것을 명상한다.
- 방위를 정하고 둘러앉은 다음 자신이 몇 번 돌인지 기억한다.

- 자기 차례가 되면 경건한 마음으로 돌을 각 위치에 놓고 제자리로 돌아온다.
- 돌 놓기를 끝내면 완성품을 감상하면서 서로의 경험에 대한 피드백을 교환한다.
- 지도자는 각각의 돌 역할과 상징을 설명해 준다. 이 설명은 작업 시작에 할 수도 있다.

Tip

- 인원에 따라 각자 돌을 여러 개 가질 수도 있다.
- 크기가 다른 돌(예: 큰 돌 5개, 중간 돌 12개, 작은 돌 19개)을 사용할 것을 추천한다.
- 돌이 없는 경우에는 다른 재료 중에서 36개를 선정하여 놓을 수도 있다.
(예: 꽃잎, 색 한지, 짧은 색지 끈, 공깃돌, 솔방울, 조개, 도토리 등)

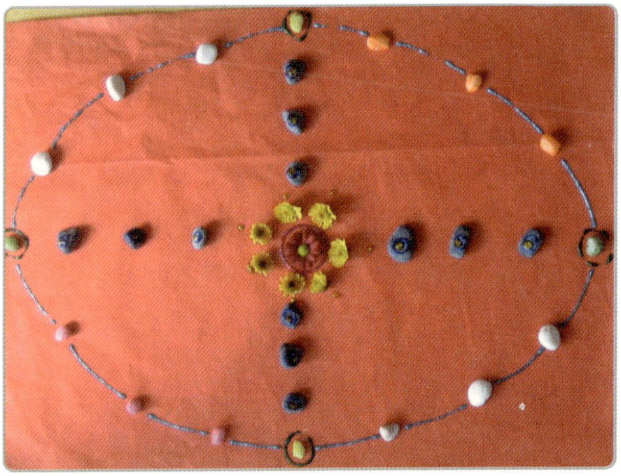

26. 자연 만다라

재료

- 자연 재료: 돌, 조개, 꽃, 나뭇잎, 나무 조각, 이끼, 나무열매, 모래, 흙 등
- 미술 재료: 채색재료, 풀, 목공풀, 마스킹 테이프, 가위, 글루건과 글루, 색한지, 자연의 소리 음악, CD 플레이어, 아로마 향

준비사항

- 실내 활동인 경우 자연의 소리가 담긴 음악과 향 등을 준비한다.

활동과정

- 집단원이 둥글게 모여 몸으로 1개의 원을 만든다.
- 팔을 펼치거나 좁혀서 큰 원, 작은 원, 중간 원 등을 다양하게 만든다.
- 돌아가면서 한 사람이 중앙에 서면, 다른 집단원은 원주를 만든다.
- 눕거나 앉아서 음악을 들으며 호흡과 이완 연습을 한다.
- 각자 자신이 원하는 재료를 선택한다.
- 자신이 좋아하는 곳에 자리를 잡은 다음, 중심에 돌 1개나 자연물을 놓는다.
- 돌이나 자연물을 중심점으로 하여 자신이 원하는 대로 만다라를 만들어 본다.
- 완성할 때까지 수정하거나 다양한 시도를 할 수 있다.

■ 모두 완성되면 감상하고 느낌을 나눈다.

Tip

■ 야외 작업도 추천한다.

■ 야외 작업 시 먼저 각자 나무 한 그루를 안고 명상한 후 만다라 만들기를 추천한다.

■ 중심을 상징하는 것을 놓은 후 집단원 작품들로 큰 만다라 형태를 구성한다.

27. 오행 만다라

재료

4절 · 8절 켄트지(색 켄트지 포함), 채색도구, 전통문양 복사본(4~6종류), 다양한 입체 재료, 풀, 칼, 가위

준비사항

- 지도자는 오행 관련 내용을 메모해 둔다.

활동과정

- 지도자는 오행의 의미, 상징, 방위, 색, 계절, 맛에 대해 알려 준다.
- 참여자는 편안한 자세로 앉거나 누워 호흡 및 이완 연습을 한다.
- 자신 안에 활동하는 오행의 의미를 생각한다.
- 원하는 크기의 원을 그린 후 오행의 공간, 색, 계절 등을 상징적 혹은 구체적으로 그린다.
- 오행의 흐름이 단절되지 않고 연결되도록 각 영역을 분명한 경계 없이 표현한다.

Tip

- 미술작업 전에 오행 상징을 복사하여 배부해 준다.
  오행 상징: 나무, 불, 흙, 금속, 물 / 봄, 여름, 사계절, 가을, 겨울 / 청, 적, 황, 백, 흑 등

- 오행 방위와 계절: 목-동-봄, 화-남-여름, 토-중앙-사계절, 금-서-가을, 수-북-겨울
- 나선형을 그린 후 중심에서 바깥 혹은 바깥에서 중심으로 오행 색을 칠할 수 있다.

28. 오행 색 만다라

재료

- 4절 · 8절 켄트지, 문양 만다라(4~6종류 정도), 채색도구, 붓, 팔레트, 물
- 입체 만다라 사용: 풀, 가위, 오색 천 혹은 오색 한지, 오색 물감, 오색 실, 오색 과일과 채소 등

준비사항

- 천, 채색도구, 한지 등을 이용하여 오행 색을 공간의 중심에 꾸며 놓을 수 있다.

활동과정

- 지도자는 음양오행에 대해 설명한 후 오행에 해당하는 색을 소개한다.
- 참여자는 편안한 자세로 앉거나 누워 호흡 및 이완 연습을 한다.
- 지도자의 안내에 따라 각자 자신 안에 활동하는 오행 특성, 색, 계절 등을 떠올린다.
- 원 안에 자유 만다라를 구성하거나 문양 만다라를 선택한다.
- 오행의 오색만을 사용하여 만다라 색을 칠한다.
- 완성 후 많이 쓴 색과 적게 쓴 색을 살펴보고, 자신에게 강하게 작용하는 색과 약하게 작용하는 색을 알아본다.
- 지도자와 함께 색의 상징을 살펴볼 수 있다.

Tip

- 오행의 오색: 파랑, 빨강, 노랑, 검정, 하양
- 오행에서 주 오색 외에 간색으로 쓰이는 색: 녹색, 다홍색, 자주, 연노랑, 군청색
- 다섯 가지 이상의 색을 쓰고 싶을 때는 간색도 함께 사용한다.
- 다섯 가지 색의 천, 자연물, 한지 등으로 만다라를 구성할 수 있다.

29. 빛과 어둠

재료

4절 · 8절 켄트지(검정, 남색), 채색도구, 흰색(파스텔, 분필 혹은 크레파스), 휴지, 정착액

준비사항

- 공간을 어둡게 하여 촛불을 켜 두고 시작할 수 있다.

활동과정

- 참여자는 편안한 자세로 앉거나 누워 호흡 및 이완 연습을 한다.
- 밝음과 어둠에 대한 명상을 한다.
- 자신이 원하는 크기의 원을 1개 그린다.
- 빛-밝음과 어둠을 주제로 원 안을 구성한다.
- 빛-밝음과 어둠에 대한 공간 분배는 원하는 대로 한다.
- 구체적 내용과 형태를 그리거나 색으로만 표현할 수 있다.
- 완성 후 사용한 색과 색의 양을 비교하면서 이야기를 나눈다.

Tip

- 밝은 색과 어두운 색은 다양한 톤으로 묘사할 수 있다.
- 입체 작업도 가능하다.
- 한쪽 색에만 치우쳐 있다면 자신의 내적 · 외적 편향에 주의를 기울

일 필요가 있다.

- 눈 감는 상황을 싫어하는 경우에는 눈을 깜박이거나 가늘게 뜬 상태로 있도록 한다.

30. 감정 만다라 1

재료

4절 · 8절 켄트지, 채색도구, A4 용지, 자, 컴퍼스, 연필

준비사항

- 시간이 많이 소요되므로 2회에 걸쳐 하도록 계획한다.
- 집단원과 미술치료사 혹은 지도자와 신뢰관계가 정착된 시기에 하는 것이 좋다.

활동과정

- 참여자는 편안한 자세로 앉거나 누워 호흡 및 이완 연습을 한다.
- 최근 자신에게 많이 일어나는 감정을 떠올린다.
- 최근의 감정을 글로 적는다.
- 자신의 최근 감정과 반대되는 감정을 적는다(예: 기쁜-슬픈, 우울한-즐거운).
- 원을 그린 후 중심을 표시하고, 반으로 구획한다.
- 반원에 자신이 적은 최근의 감정 종류만큼 칸을 나눈다.
- 자신에게 많이 나타나는 감정 순서에 따라 칸의 크기를 정한다.
- 구획선은 원하는 대로 한다(직선 혹은 곡선).
- 반대 감정은 대칭 쪽 칸이 된다.
- 원주 바깥 부분에 연필로 감정 이름(반대감정 포함)을 적는다.

- 각각의 감정에 해당하는 색을 결정한 후 해당 칸에 색칠한다.
- 완성한 후 감정과 색과의 관계를 살펴본다.
- 집단원 혹은 치료사와 자신의 감정과 표현 색에 대해 이야기를 나눈다.

Tip

- 서로 다른 감정이지만 같은 색이 될 수 있다(예: 기쁜, 화난 → 빨강).
- 반대 감정은 개인마다 다르기 때문에 사전적 단어를 적지 않아도 된다.
- 부정적 감정과 긍정적 감정에 같은 색이 있는지 살펴본다.

31. 감정 만다라 2

재료

4절 · 8절 켄트지, 채색도구, A4 용지, 연필

준비사항

- 종이는 인원수의 2배만큼 준비해 둔다.

활동과정

- 참여자는 편안한 자세로 앉거나 누워 호흡 및 이완 연습을 한다.
- 최근 많이 나타나는 감정 중 다섯 가지를 떠올린다.
- 다섯 가지 감정에 적절한 색을 고른다.
- 원을 그린 후 원 안에 떠오른 감정이 모두 표현되도록 자유롭게 구성한다.
- 색과 형태를 원 밖까지 표현해도 된다.
- 자신에게 많이 나타나는 감정 색과 형태를 관찰한다.
- 자신에게 필요한/원하는 감정과 색을 생각하여 다른 종이에 원을 그려 마음대로 구성한다.
- 최근 감정과 필요한 원하는 감정의 색과 형태를 비교한다.
- 완성 후 감정 만다라를 한곳에 모아 두고 이야기를 나눈다.

Tip

- 감정이 적은 경우에는 최소한 두 가지 감정을 떠올려 그린다.
- 원 안에 표현하지 않고 종이에 자유롭게 표현할 수 있다.
- 입체 활동도 가능하다.

32. 시와 만다라

재료

시(여러 편 가능), 4절 · 8절 켄트지, 채색도구, 연필, 명상음악, CD 플레이어

준비사항

- 시를 인원수만큼 복사해 둔다(제목, 작가 이름 삭제).

활동과정

- 참여자는 편안한 자세로 앉거나 누워 호흡 및 이완 연습을 한다.
- 지도자는 시 한 편을 들려준다.
- 복사한 시를 각자에게 나누어 준다.
- 원하는 크기의 원을 그린 후 시에서 느껴지는 감정, 연상, 기억 등을 원 안에 표현한다.
- 혹은 시를 나선 형태로 옮겨 적은 후 자기 감정이나 연상을 계속하여 적을 수 있다.
- 스스로 제목을 정한다.
- 완성 후 함께 감상하며 경험한 것에 대해 이야기를 나누고, 지도자는 시인과 제목을 알려 준다.

Tip

- 음악을 계속하여 틀어 두어도 된다.
- 자작시를 적어 만다라를 만들 수 있다.

33. 사계절 만다라

재료

4절 · 8절 색 켄트지, 문양 만다라 채색도구, 명상음악, CD 플레이어, 다양한 입체 재료

활동과정

- 참여자는 편안한 자세로 앉거나 누워 호흡 및 이완 연습을 한다.
- 사계절 풍경, 기온, 색, 변화 등에 대해 이야기를 나눈다.
- 좋아하는 계절, 싫어하는 계절, 자신이 태어난 계절에 대해 이야기를 나눈다.
- 원 안에 사계절 내용이나 상징을 그려 색칠하거나 입체 구성을 한다.
- 완성 후 그림을 보면서 사계절 특성이 자신의 삶과 어떤 관계나 의미가 있는지 생각한다.
- 사계절 만다라 그림에 대해 이야기를 나눈다.

Tip

- 크기 차이는 있어도 사계절을 모두 표현하도록 한다.
- 나무 한 그루를 그려 나무에 사계절을 표현할 수 있다.

34. 색모래 만다라

재료

깔때기(높이는 10~12cm이고, 아래 구멍의 지름은 1~2mm 정도), 색모래(무지개 색+하양, 검정), 하드보드지 혹은 켄트지(검정 혹은 하양), 두꺼운 원형 판(지름 18~25cm 정도), 색모래 담는 용기(색모래 종류만큼), 큰 붓, 숟가락, 풀

활동과정 1

- 참여자는 편안한 자세로 앉거나 누워 호흡 및 이완 연습을 한다.
- 장소와 재료에 축복!
  눈을 감고 신, 위대한 존재 혹은 자신이 알고 있는 훌륭한 분을 생각하면서 그 존재가 자신과 연결된다는 믿음과 장소, 재료에 축복한다는 것을 상상한다.
- 위대한 존재가 자신이 원하는 것, 치유되고 싶은 것을 축복한다는 것을 명상한다.
- 지도자는 명상을 유도한다.

눈을 감은 후 흰빛이나 금빛이 위에서부터 자신을 휘감아 내려오는 것을 상상합니다.
빛이 머리 위에서 몸으로 들어와 얼굴, 가슴, 팔, 배, 다리, 발까지 비추는 것을 상상합니다.

빛이 발을 통해 바닥을 뚫고 들어가는 것을 상상합니다.

이제 대지의 에너지가 올라와서 발, 다리, 등, 목을 거쳐 머리 꼭대기까지 비추고 나아가는 것을 상상합니다.

이 빛은 치유의 에너지입니다…….

이 치유 에너지가 여러 번 당신 몸을 휘감고 내려오고 올라가도록 두세요…….

이미지나 영감이 떠오르면 그것을 그대로 바라보십시오…….

이미지가 떠오르지 않아도 실망하지 말고 기다리세요…….

어떤 느낌이 들거나 소리가 들릴 수도 있습니다…….

활동과정 2

- 명상 후 떠오르는 이미지를 색모래로 작업한다.
- 작업을 하는 동안 치유 에너지를 받은 상태를 간직한다.
  부정적 감정이나 생각이 떠오르면 다시 눈을 감고 빛이 자기 몸 안에서 움직이는 것을 명상하도록 집중할 수 있는 상태를 유지한다.
- 작업은 다음과 같이 진행한다.
  - 두꺼운 정사각형 종이(20~25cm, 흰색 혹은 검은색)에 컴퍼스를 이용하여 원을 그린다(혹은 이미 준비한 원판을 사용한다).
  - 원을 그린 후에 중심점을 표시해 둔다.
  - 직접 만다라 문양을 그리거나, 문양을 따라 그리거나 문양복사를 붙일 수 있다.
  - 숟가락을 이용하여 자신이 원하는 색의 모래를 깔때기에 적당히 붓는다. 이때 모래가 빠져나가지 않도록 한 손으로 깔때기 끝부분을 막는다.
  - 원하는 문양에 깔때기 끝부분을 조절하면서, 모래가 천천히 흘러내리게 한다.

- 한 부분이 끝나면 색을 바꿔가며 같은 방식으로 한다.
- 붓을 이용하여 색을 펼치거나 다른 색을 섞을 수 있다.

- 만다라 완성 후 조용히 감상하며 자신에게 영감을 준 존재에 감사한다.
- 자신의 목표를 되새겨 본다.
- 붓으로 모래를 조심스럽게 종이의 중앙으로 모은다.
- 야외로 나가 원하는 장소, 강, 바다, 꽃밭, 나무 밑 등에 뿌린다.

Tip

- 모래를 나누어 참여자 혹은 치유가 필요한 지인에게 선물로 주거나 일부를 자신이 가질 수 있다.
- 혼자 명상을 할 때는 "나는 이 만다라로 몸과 마음과 영혼이 치유되길 원한다."라며 여러 번 읊조린다.

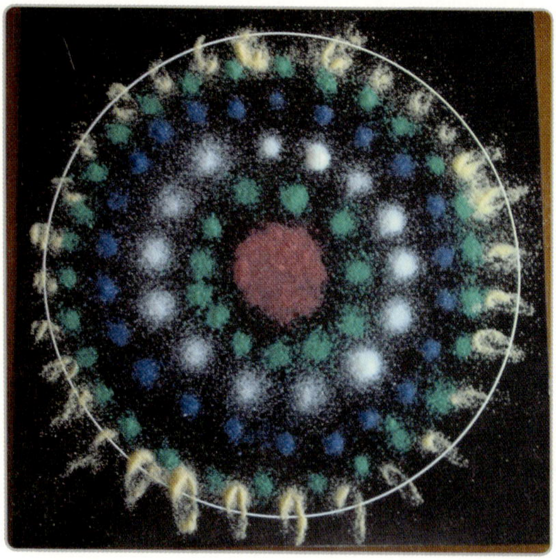

35. 색종이 만다라

재료

A4 용지, 색종이, 가위, 풀, 4절 색 켄트지

준비사항

- 색종이는 양면, 꽃무늬, 한지 등 다양하게 준비한다.

활동과정

- 집단인 경우에는 4~6명 정도 큰 테이블에 모여 앉는다.
- 지도자는 색종이 자르는 법을 설명한다.
  색종이를 반으로 접고, 다시 반으로 접어 여러 가지 모양으로 오린 다음 펼쳤을 때 대칭 문양이 나타나는 것을 보여 준다. 3~4번 정도 접어서 오려 나타나는 문양도 보여 준다.
- 각자 색종이를 선택하여 다양하게 오리기를 시도한다.
- 자신이 만든 색종이 만다라들을 모아서 큰 켄트지 위에 배열한다.
- 집단원이 함께 모여 색종이 만다라를 감상한다.
- 완성된 색종이 만다라에 바탕 색지를 깔고 액자처럼 만들 수 있다.

Tip

- 완성된 만다라를 코팅하거나 투사지에 붙여서 장식을 할 수 있다.
- 색종이 만다라를 투사지나 흰 종이에 대고 옮겨 그려 문양을 만들어

사용한다.

■ A4 용지로 오리기를 한다.

36. 대립과 조화

재료

4절 · 8절 켄트지, 채색도구, 컴퍼스, 연필, 다양한 입체 재료

활동과정

- 참여자는 편안한 자세로 앉거나 누워 호흡 및 이완 연습을 한다.
- 지도자는 참여자가 사람들의 반대 성향, 생각, 대립 등에 대한 이미지를 떠올리도록 안내한다.
- 반대 느낌이나 대립 상황을 표정이나 행동으로 표현하는 연습을 할 수 있다.
- 색 중에 보색이 되는 색을 선택한다.
  예: 빨강-녹색, 노랑-보라, 파랑-주황 또는 이에 해당하는 톤의 색
- 원을 그린 후 두 색(두 가지 톤도 가능)이 원 안에 반씩 분배되도록 구성한다. 자신이 원하는 대로, 다양한 형태로 색을 분배할 수 있다.
- 완성 후 만다라를 보며 감상하고, 느낌을 메모한다.

Tip

- 일반적 보색이 아니라 자신이 반대라고 생각되는 보색을 정하여 구성할 수 있다.
- 입체 작업으로 형상화할 수 있다.

37. 동화 만다라

재료

동화, 켄트지, 채색도구

준비사항

- 동화책을 준비하거나 동화 내용을 복사해 둔다.
- 동화는 주제와 대상에 어울리며 문학적 · 교육적 · 심리적 면이 고려된 것을 선정한다.

활동과정

- 참여자는 편안한 자세로 앉거나 누워 호흡 및 이완 연습을 한다.
- 지도자는 참여자들에게 동화를 들려준다.
  이야기하듯 자연스럽게 목소리의 고저와 속도를 고려하여 들려준다.
- 참여자는 눈을 감고 편안한 자세로 동화를 듣는다.
- 동화를 들은 후 인상 깊은 장면을 원 안에 그려 넣는다.
  구체적 표현이나 상징적 표현 모두 가능하다.
- 치료사 또는 집단원과 동화 만다라를 감상하고 이야기를 나눈다.

Tip

- 동화 속 장면의 이미지를 변형하여 표현할 수 있다.
- 스스로 동화를 창작해 동화 만다라를 그릴 수 있다.

■ 입체 작업으로 형상화할 수 있다.

38. 장식 만다라

재료

문양 만다라(6종류 정도), A4 용지, 신문지, 채색도구, 식용유, 붓, 접시, 휴지, 색실

준비사항

- 중심을 상징하는 색이나 화분을 중앙에 놓고, 그 주변에 만다라 문양을 종류별로 펼쳐 둔다.

활동과정

- 참여자는 편안한 자세로 앉거나 누워 호흡 및 이완 연습을 한다.
- 대상에 맞는 상상 여행을 안내할 수 있다.
- 참여자는 제시된 문양을 보고 마음에 드는 것을 선택한다.
- 자신이 원하는 문양이 없으면 스스로 원과 문양을 그린다.
- 문양을 색칠한 후 신문지 위에 뒤집어 놓는다.
- 접시에 식용유를 조금 부은 후, 색칠한 문양이 뒷면에 비치도록 기름을 붓이나 손가락으로 칠한다. 이때 식용유는 조금만 사용한다.
- 식용유가 마르도록 기다리거나 휴지로 기름 묻은 부분을 닦아낸다.
- 완전하게 마르면 만다라를 오려서 색실로 묶어 창문이나 천정에 걸어 둔다.
- 색 켄트지를 붙여 액자를 만들어 매달 수도 있다.

■ 함께 감상하며 경험을 이야기 나눈다.

Tip

■ 신문지를 깔고 식용유를 바르면 기름 흡수가 빠르다.

■ 색실은 만다라에 사용한 색 중에서 선택하기를 추천한다.

■ 식용유 대신 흰색 종이를 완성된 만다라 위에 덮어 다림질을 한다. 다림질을 하면 만다라가 양면으로 보인다.

39. 씨앗 만다라

재료

씨앗(6~8종류 정도), 지점토 혹은 색 점토, 씨앗 담는 그릇(6~8개), 칼, 가위, 종이 혹은 플라스틱 접시(다양한 크기)

준비사항

- 씨앗을 그릇에 분류해 둔다.
- 지도자는 씨앗의 성장과정을 메모해 둔다.

활동과정

- 참여자는 편안한 자세로 앉거나 누워 호흡 및 이완 연습을 한다.
- 지도자 또는 치료사는 참여자 또는 내담자에게 씨앗을 나누어 준다.
- 참여자는 씨앗을 만지며 색, 모양 등을 살펴보고, 냄새도 맡아 본다.
- 지도자는 모든 식물의 시작인 씨앗에 대한 명상을 안내한다.
  씨앗의 성장과정에 대해 천천히 이야기를 들려준다.
- 각자 점토를 펴서 원하는 크기의 원을 만든다.
- 중심을 정한 후 다양한 곡물을 이용하여 원 안을 꾸민다.
- 완성 후 자신이 상상하는 식물을 그림으로 그릴 수 있다.
- 함께 감상하며 경험을 이야기 나눈다.

Tip

- 플라스틱 접시에 솜을 깔고 씨앗을 만다라 형태로 구성할 수 있다.
- 작은 열매 등을 함께 사용할 수 있다.
- 곡물로 집단 만다라를 구성할 수 있다.

40. 만다라 펜던트

재료

원형 나무(지름 4~5cm), 펜던트 줄(여러 가지 색), 사인펜, 마카펜, 아크릴 물감, 붓, 가위

준비사항

- 원형 나무는 줄을 끼울 수 있도록 구멍이 있는 것으로 준비한다.
- 집단인 경우에는 중앙에 준비물을 모아 두고 주변에 앉는다.

활동과정

- 참여자는 편안한 자세로 앉거나 누워 호흡 및 이완 연습을 한다.
- 원형 나무를 1개씩 들고 나이테, 모양, 껍질 등을 살펴본다.
- 자신에게 희망, 꿈, 즐거움을 주는 이미지를 생각한다.
- 나무에 원하는 이미지를 그린다. 뒤쪽에도 그릴 수 있다.
- 완성 후 원하는 색의 목걸이를 끼운다.
- 한곳에 모아 두고 희망 이미지를 감상한 후 목에 걸어 본다.

41. 나무 만다라

재료

나무판(20×20cm 정도), 만다라 문양(6종류 정도), 먹지(1인 1장), 채색도구, 정착액, 크레파스, 반짝이 풀, 자연 소리 음악, CD 플레이어

준비사항

- 6종류 문양을 각 2~4부씩(집단원이 10명인 경우) 복사해 둔다.
- 모든 문양을 중앙에 펼쳐 둔다.

활동과정

- 참여자는 편안한 자세로 앉거나 누워 호흡 및 이완 연습을 한다. 나무와 자신이 친구라 생각하고, 나무에게 주는 마음의 선물을 생각한다.
- 눈을 감고 나무에게 주고 싶은 선물은 어떤 모양, 어떤 색인지 떠올려본다.
- 선물과 관련하여 마음에 드는 문양을 선택한다.
- 먹지를 사용하여 나무판에 문양을 복사한다. 혹은 스스로 만다라를 그린다.
- 나무판에 문양이 완성되면 색칠을 한다.
- 완성품을 모아 감상하며 이야기를 나눈다.

Tip

- 완성품은 고리를 만들어 액자처럼 벽에 걸어 둘 수 있다.
- 파스텔 작업은 정착액을 뿌린다.

42. 모빌 만다라

재료

구 스티로폼(여러 종류의 크기), 채색도구, 색모루, 실, 색한지, 바늘, 마스킹 테이프, 풀, 칼, 가위

준비사항

- 1인당 5~6개의 구 스티로폼을 사용할 수 있도록 준비한다.

활동과정

- 모빌에 대해 이야기를 나눈다.
- 자신이 원하는 크기의 모루, 구 스티로폼을 선택한다.
- 스티로폼 표면에 자신이 원하는 대로 그린다.
- 색한지를 찢거나 오려 주위에 붙일 수도 있다.
- 완성 후 모든 것을 실로 연결한다.
- 완성 후 모빌을 천정에 붙여 감상하며 이야기를 나눈다.

Tip

- 실이 약하면 단단한 철사로 스티로폼을 뚫거나 낚싯줄을 사용할 수 있다.

43. 어우름

재료

색종이, A4 용지, 색도화지 8절(무지개색, 갈색, 하양, 분홍 등), 4절 · 8절 켄트지, 가위, 칼, 풀, 연필, 지우개

준비사항

- 개인 자리를 넓게 사용하도록 한다.
- 모든 준비물은 참여자의 중앙에 둔다.

활동과정

- 참여자는 편안한 자세로 앉거나 누워 호흡 및 이완 연습을 한다.
- 참여자 모두 원형으로 서서 손을 잡고 인사를 한다.
- 여러 사람과 손을 잡고 놀이, 춤, 활동한 것을 떠올린다.
- 그러한 이미지에 어울리는 색을 생각해 본다.
- 원하는 색의 도화지를 선택하여 세로로 여러 번 접는다.
- 접은 부분의 바깥 면에 사람 형태나 원하는 형태를 그린다(형태가 가장자리에 닿게 그린다).
- 여러 번 접힌 종이의 형태를 오린다(양쪽 가장자리가 완전히 오려지지 않게 한다).
- 색종이, 흰색 종이를 사용하여 같은 형태 혹은 다른 형태, 여러 크기로 그려 오린다.

■ 접힌 것을 펴서 원형으로 겹겹이 세운다.
■ 함께 감상하며 느낌과 아이디어를 나눈다.

Tip

■ 원하는 색과 크기의 종이를 선택하여 완성품 밑에 대고 놓는다.
■ 너무 여러 번 접으면 오리는 데 어려움이 있다.

44. 둥지

재료

솔방울, 나무 열매, 나뭇잎, 나뭇가지, 볏단, 천사점토, 솜, 부직포, 가위, 아크릴 물감, 색 습자지, 담요 혹은 쿠션, 풀, 가위, 자연소리 음악, CD 플레이어

준비사항

- 상상 여행을 위하여 담요나 폭신한 쿠션을 준비해 둔다.
- 자연소리 음악을 들려준다.

활동과정

- 참여자는 편안한 자세로 앉거나 누워 호흡 및 이완 연습을 한다.
- 담요나 쿠션을 안고 자신이 새 또는 알이 되어 둥지에 안전하게 있는 모습을 상상한다.
- 상상 여행 후 둥지를 만든다.
- 알을 만들어 둥지에 넣고, 주변을 더 꾸민다.
- 새를 만들어 알과 함께 넣어 둘 수 있다.
- 작품을 감상하며 경험을 이야기 나눈다.

Tip

- 천사점토 대신 아이클레이, 스티로폼 공을 사용해도 좋다.

45. 알

재료

스티로폼 구(지름 4cm 정도), 고무찰흙(하양, 노랑, 빨강, 파랑), 색지 끈(다양한 색), 색 한지(다양한 색), 반짝이 풀, 다양한 입체 재료, 풀, 가위, 칼, 티슈, 글루건 · 글루 혹은 본드

준비사항

- 지도자는 모든 재료를 집단원 및 내담자가 한눈에 볼 수 있도록 중앙에 펼쳐 놓는다.
- 조용한 음악을 틀어 두어 조용한 분위기를 조성한다.

활동과정

- 눈을 감고 지도자의 안내에 따라 호흡 및 이완연습을 한다.
- 지도자는 상상여행을 안내한다.

너는 마법의 양탄자를 가지고 있어.
너는 마법 양탄자를 타면 어디든지 갈 수 있어.
하늘, 바다, 산, 동굴, 다른 나라……,
어디든지 순식간에 갈 수 있어……,

오늘은 마법의 양탄자를 타고 요술나라로 날아가 황금 알을 찾는 거

야……,

너는 양탄자에 앉아서 저 아래 펼쳐진 녹색 숲을 보고 있어.

공기는 시원하고 나무들은 햇빛에 반짝인다.

꽃들과 열매, 시냇물, 새, 토끼, 다람쥐, 사슴도 보이네……,

양탄자를 타고 넓은 숲을 마음껏 날아다녀라……,

너는 이제 작은 동굴을 발견하고 그 속으로 들어간다.

그 안은 온통 깜깜하고 서늘한 기운이 감돈다.

너는 더듬거리며 동굴 안을 걸어 들어간다.

동굴 안을 더 들어가니 무지개 빛깔의 반짝이는 돌들이 벽에 붙어 있다.

어둠 속에 반짝이는 돌들이 신기하다.

그중에 가장 마음에 드는 돌에 손을 갖다 대 보아라……,

그러자 갑자기 그 돌이 두 쪽으로 열리고 너는 그 안으로 들어간다……,

그 안에 빛나는 황금 알이 부드러운 깃털 위에 놓여 있다.

황금 알에 소원을 말하면 소원이 이루어진다는 이야기가 있단다.

자, 이제 그 알에 손을 얹고 네가 소망하는 것을 세 가지 말하여라.

이제 황금 알에게 작별인사를 하고 나오너라.

다시 돌문이 닫히고 너는 동굴을 나온다.

이제 다시 마법의 양탄자를 타고 네가 떠났던 이 장소로 되돌아오너라.

- 상상여행이 끝난 후 앞에 있는 스티로폼 구를 한 개 선택한다.
- 구를 알이라 생각하고 자신의 소원이 담긴 알을 만든다.
- 알에 그림을 그리거나 다양한 재료로 꾸밀 수 있다.
- 완성 후에는 둘러앉아 알을 감상하며 이야기를 나눈다.
- 완성품을 자신이 만든 둥지에 넣는다.

Tip

- 스티로폼을 사용하지 않고 아이클레이로 알을 만들거나 그릴 수 있다.
- 알이 커서 둥지에 들어가지 않으면 원하는 곳에 받침을 하여 놓을 수 있다.
- 세 가지 소망을 알에 적어 놓고 꾸밀 수도 있다.

46. 케이크 선물

재료

스티로폼, 핸디코트, 색종이, 색 켄트지, 크레파스, 아크릴 물감, 붓, 물통, 팔레트, 색지 끈, 성냥, 비즈, 모루, 반짝이, 마스킹 테이프, 주걱, 가위, 풀, 작은 초(생일 초), 재활용품

준비사항

- 주제를 제시하면서 핸디코트 사용법을 사전에 알려 준다.

활동과정

- 참여자는 편안한 자세로 앉거나 누워 호흡 및 이완 연습을 한다.
- 자신에게 주는 케이크를 연상한다. 혹은 주고 싶은 사람에게 선물할 케이크를 생각한다.
- 스티로폼을 잘라(사각형 혹은 원형) 원하는 높이만큼 여러 장 쌓아 케이크 모양을 만든다.
- 주걱을 사용하여 케이크 형상에 핸디코트를 바른다.
- 핸디코트를 바른 후 표면을 원하는 대로 장식한다.
- 케이크 위에 초를 꽂아 둔다.
- 케이크를 보며 자신 혹은 선물할 대상에게 줄 카드를 만들어 글을 쓴다.
- 완성품을 감상한 후 공간을 어둡게 하여 초에 불을 붙이고 자신이 쓴

카드글을 낭독한다.

- 완성된 카드를 케이크 위에 꽂아 둔다.

Tip

- 집단인 경우에는 스티로폼은 90×180×30cm 정도로 여러 개 준비한다.
- 집단인 경우에는 4~6명이 한 팀이 되어 공동 케이크 만들기를 추천한다.
- 아동인 경우에는 초 사용 시 주의와 지도가 필요하다.
- 팔레트 대신 플라스틱 접시를 사용하는 것이 가능하다.
- 핸디코트 대신 아이클레이를 사용하는 것이 가능하다.

47. 만다라 손수건

재료

면 소재의 천(30×30~40×40cm 정도), 패브릭 크레용, 만다라 문양, 가위

준비사항

- 천의 가장자리를 미리 박음질해 둔다.

활동과정

- 만다라 문양을 천에 복사하거나 직접 문양을 그린다.
- 문양에 패브릭 크레용을 칠하여 만다라를 완성한다.

Tip

- 염색물감을 사용하여 만다라 형상 손수건을 만들 수 있다.

48. 탑 만들기

재료

스티로폼, 핸디코트, 꽃대 지지용 막대기, 아크릴 물감, 붓, 색지 끈, 비즈, 모루, 반짝이, 마스킹 테이프, 주걱, 가위, 풀, 재활용품

활동과정

- 참여자는 편안한 자세로 앉거나 누워 호흡 및 이완 연습을 한다.
- 탑의 의미, 유래, 종류, 탑 만드는 방법 등을 설명한다.
- 자신을 상징하는 탑을 상상한다.
- 탑을 세울 자리를 정한다.
- 다양한 재료를 이용하여 탑을 세운다.
- 탑을 만든 후 감상한다.
- 자신이 소망하는 것을 생각하며 탑 주위를 돌거나 글을 쓴다.

Tip

- 계절에 따라 여러 종류의 생화, 식물로 꽃탑 만들기를 추천한다.
- 핸디코트 대신 아이클레이, 데코점토 등을 사용할 수 있다.

49. 나의 길

재료

2절 · 4절 켄트지, 색연필, 크레파스, 파스텔, 물감, 팔레트, 붓, 색 한지, 색지 끈, 모루, 비즈, 색종이, 풀, 가위, 글루건 혹은 글루, 아이클레이 등

활동과정

- 참여자는 편안한 자세로 앉거나 누워 호흡 및 이완 연습을 한다.
- 눈을 감고 마음을 모아 자기 삶을 되새겨 본다. 어린 시절부터 현재까지를 기억하면서 어떤 이미지, 어떤 일, 어떤 사람, 어떤 감정이 떠오르는지 살펴본다.
- 중심 이미지를 그린 후 삶의 길을 나선형 혹은 원 안에 자유롭게 묘사한다.
- 작업을 마친 후 감상하며 경험을 이야기 나눈다.

Tip

- 평면 작업으로만 하거나 평면 또는 입체 작업을 함께 하여도 된다.

50. 스테인드글라스

재료

OHP 필름, 아크릴 물감, 작은 붓, 팔레트, 오일 파스텔, 크레파스, 다리미, 펀치, 색실

준비사항

- OHP 필름에 몇 가지 문양을 복사해서 사용할 수 있다.

활동과정

- 참여자는 편안한 자세로 앉거나 누워 호흡 및 이완 연습을 한다.
- 문양이 인쇄된 OHP 필름이나 빈 OHP 필름을 선택한다.
- 문양 OHP 만다라에 색칠하거나 자유 만다라를 OHP에 그려 칠한다.
- 완성 후 펀치를 이용하여 윗부분에 구멍을 뚫고 자신이 원하는 색실로 고리를 만들어 창문에 걸어 둔다.

Tip

- OHP 필름으로 문양을 복사한 후에는 말려서 사용한다.
- 만다라를 종이에 그린 것을 OHP 필름 위에 놓고 다림질한다.
- 작은 다리미를 구입하여 사용할 수 있다. 아동 활동인 경우에는 지도자가 다리미 사용법을 지도하여 안전하게 사용할 수 있도록 한다.
- 만다라 문양 위에 OHP 필름을 고정하여 글라스데코 재료로 그린다.

51. 가족 만다라

재료

4절 켄트지, 채색도구, 정착액, 명상음악, CD 플레이어
입체 작업: 색 한지, 색 켄트지, 가위, 풀, 잡지, 공예 재료 등

활동과정

- 참여자는 편안한 자세로 앉거나 누워 호흡 및 이완 연습을 한다.
- 눈을 감고 가족을 생각한다.
- 우리 가족 한 사람 한 사람을 차례로 떠올려 본다. 어느 때 모습인지, 어떤 표정을 하고 있는지, 어느 곳에 있는지 떠올려 본다. 또 그와 관련된 색은 어떤 것인지 생각한다. 가족 구성원 각각을 생각하면 떠오르는 동식물은 있는지 생각한다.
- 가족 모두를 떠올린 후에 종이에 큰 원을 그려 가족 수만큼 공간을 나눈다.
- 큰 원의 중심에 가족을 상징하는 이미지를 작게 그려 놓는다.
- 각 공간에 가족 구성원 개인의 모습, 이미지, 색, 식물 혹은 동물 등을 그린다.
- 완성 후 감상하며 이야기를 나눈다.

Tip

- 그리기뿐 아니라 콜라주 기법을 사용하여 사진, 잡지 등을 오려붙여도 된다.
- 가족 모두가 전지 크기의 종이에 원을 그려 함께 작업할 수 있다.

52. 행복한 만다라

재료

문양 만다라(4~6종류), 채색도구, 정착액, 명상음악, CD 플레이어

준비사항

- 문양은 참여 인원에 따라 각 2배 이상 준비한다.
- 지도자 또는 치료사는 바닥에 문양 만다라를 배열해 둔다.

활동과정

- 참여자는 편안한 자세로 앉거나 누워 호흡 및 이완 연습을 한다.
- 눈을 감고 지도자의 행복 메시지를 듣는다.
- 지도자는 편안하고 행복한 상황에 대한 메시지를 천천히 들려준다.

살면서 편안하고 행복했던 때를 기억해 보아라…….
그게 어린 시절일 수도 있고, 청소년, 청년, 성인, 현재가 될 수도 있다…….
행복한 시간에 너는 어디에 있니?
아름다운 여행지, 산이나 바다…….
고요와 명상을 위해 있는 곳일 수도 있겠지…….

너는 누구와 있니? 혼자 있는지……?
행복할 때 너는 무엇을 하고 있는지……?

아무것도 하지 않은 채 편안함을 느낄 수도 있어…….

공기는 어떻니? 계절은 언제이니?

행복할 때 보이는 색은 어떤 것들이니……?

너의 행복한 순간을 마음껏 즐겨라…….

편안하게 미소 짓는 너의 모습을 떠올려라…….

이 순간은 그저 온전히 너 자신이 되어라…….

- 메시지를 들은 후 가장 마음에 드는 문양을 선택한다.
- 문양을 보며 '나는 이 만다라로 몸과 마음이 행복해지길 진심으로 원한다!' 라고 스스로에게 말한다.
- 행복한 마음을 유지시키면서 그러한 상태를 나타내는 색을 골라 칠한다.
- 완성 후 감상하며 경험을 이야기 나눈다.

Tip

- 메시지의 한 부분을 반복하여 들려주어도 된다.
- 문양 만다라 대신 자유 만다라를 그릴 수 있다.

참고문헌

김석진(2000). 대산 주역강의(1). 서울: 한길사.

김선풍(1997). 한국민속놀이론. 임동권, 정병호, 김선풍(1997). 민속놀이론. 서울: 민속원. 11-106.

김용환(1998). 만다라. 깨달음의 靈性世界. 서울: 열화당.

김훈기(1999). 시간여행. 미로에 새긴 상징과 비밀. 서울: 도서출판 아카데미서적.

봉일범(2005). 미로. 서울: 시공사.

이희승 감수(1999). 민중 에센스 국어사전. 서울: 민중서림.

일연(1979). 이민수 역. 삼국유사. 서울: 을유문화사.

정병호(1997). 한국민속무용론. 임동권, 정병호, 김선풍(1997). 민속놀이론. 서울: 민속원, 107-167.

정여주(2001). 만다라와 미술치료. 서울: 학지사.

정여주(2007). 만다라 그림과 난화기 원의 치료적 의미에 대한 관계고찰. 미술치료연구, 14(1), 1-17.

주강현(1996). 우리 문화의 수수께끼. 서울: 한겨레신문사.

허균(2000). 사찰 장식, 그 빛나는 상징의 세계. 서울: 돌베개.

홍윤식(1996). 만다라. 서울: 대원사.

Adam, L. (1999). 金仁煥 옮김. 원시미술. 서울: 동문선.

Andina-Kernen, A. (1996). *Über das Entstehen von Symbolen*. Basel: Schwabe & Co Ag.

Arnheim, R. (1996). 김춘일 옮김. 美術과 視知覺. 서울: 미진사.

Arrien, A. (1998). *Signs of life*. New York: Jeremy P. Tarcher/Putnam.

Allen, P. (1995). *Art as a way of knowing*. Boston: Shambhala.

Bach, S. (1995). *Das Leben malt seine eigene Wahrheit*. Zürich: Daimon.

Bachmann, H. I. (1993). *Malen als Lebensspur*. Stuttgart: Fischer Verlag.

Baer, U. (2004). *Gefühlssterne Angstfresser Verwandlungsbilder*. Neukirchen-Vluyn: Affenkönig Verl.

Becker, U. (1998). *Lexikon der Symbole*. Freiburg: Herder.

Candolini, G. (2007). *Die Faszination der Labyrinthe*. München: Kösel.

Campbell, J., & Moyers, B. (1992). 이윤기 옮김. 신화의 힘. 서울: 고려원.

Cascio, T. (1998). Incorporating spirituality into social work practice: A review of what to do. *Families in Society*: Sep/Oct. 79.5. 523-531.

Cooper, J. (1996). 이윤기 옮김. 그림으로 보는 세계문화상징사전. 서울: 까치.

Egger, B. (1998). *Bilder verstehen*. Bern: Zytglogge.

Elbrecht, C. (2006). *The Transformation Journey*. Rütte: Johanna Nordländer Verlag.

Eliade, M. (1961). *Image and Symbols*. London: Harvill Press.

Eliade, M. (1985). *Symbolism, the Sacred, and the Arts*. 박규태 옮김(2002). 상징, 신성, 예술. 서울: 서광사.

Eliade, M. (1957). *Mythes, Reves Et Mysters*. 강응섭 역(2006). 신화, 꿈, 신비. 서울: 도서출판 숲.

Elkins, D. N. (1999). Spirituality. *Psychology Today*, Sep/Oct 1999. 32.5. 45-48.

Fiala, H. (1997). *Selbsterfahrung mit Mandala*. Steyr: Ennsthaler Verlag.

Fincher, S. F. (1991). *Creating Mandalas*. Toston & London: Shambhala.

Fontana, D. (1993). *The Secret Language of Symbols*. San Francisco: Chronicle Books.

Fontana, D. (2001). 최승자 옮김. 상징의 비밀. 서울: 문화동네.

Fox, M. (1985). *Illuminations of Hildegard of Bingen*. Rochester: Bear & Company.

Franklin, M. (2007). Holding Multiple Perspectives: The Transpersonal Vision of Art as a Therapy. 제 7회 국제미술치료 workshop. 서울여자대학교.

Furth, G. M. (1988). *The secret world of drawings: a jungian approach to healing through art*. Toronto: Inner City Books.

Henzler, C., & Riedel, I. (2003). *Malen umzu überleben*. Stuttgart: Kreuz Verlag.

Hesse, H. (1986). *Das Lied des Lebens: Die schönsten Gedichte von Hermann*

Hesse. Zürich: Suhrkamp Verlag.

Hildergard von Bingen. (1954). *Wille die Wege SCIVIAS*. Salzburg: Otto Müller Verlag.

Holdger, P. (1997). *New-Age-Therapien*, Hamburg: Rowohlt TB.

Huyser, A. (1996). *Das Mandala Arbeitsbuch*. München: Goldmann.

Jacobi, J. (1977). *Vom Bilderreich der Seele*. Olten: Walter Verlag.

Jaffé, A. (1982). *Bildende Kunst als Symbol*. In. Jung, C. G. Der Mensch und seine Symbole. Olten und Freiburg in Breisgau: Walter-Verlag. 232-273.

Jung, C. G. (1962). *Erinnerungen, Träume, Gedanken*. Zürich: Buchclub Ex Libris.

Jung, C. G. (1982). *Der Mensch und seine Symbole*. Olten und Freiburg in Breisgau: Walter-Verlag.

Jung, C. G. (2001). 이은봉 옮김. 심리학과 종교. 서울: 창.

Jung, C. G. (2006). *Psychologie und Alchemie*. Düsseldorf: Walter Verlag.

Kast, V. (2002). *Die Dynamik der Symbole*. München: Deutscher Taschenbuch Verlag.

Kastinger Riley, H. M. (1998). *Hildegard von Bingen*. Hamburg: Rowohlt.

Küstenmacher, M., & Küstenmacher, W. (1999). *Energie und Kraft durch Mandalas*. München: Ludwig Buchverlag.

Malchiodi, C. A. (2002). *The Soul's Palette*. Boston: Shambhala Publications.

Maslow, A. A. (1985). *Psychologie des Seins. Ein Entwurf*. Frankfurt: Walter Verlag.

Neumann, E. (1974, 3rd Ed./1969). *Art and the Creative Unconscious*. Princeton: Princeton University Press.

Neumann, E. (1995). *Der schöpferische Mensch*. Frankfuhrt am Main: Fischer Taschenbuch Verlag.

Neumann, E. (1997, 11Aufl./1974). *Die Große Mutter*. Düsseldorf: Patmos Verl.

Petersen, P. (2000). *Der Therapeut als Künstler*. Hannover: Mayer.

Petzold, H., & Orth, I. (1991). *Die neuen Kreativitätstherapien. Bd. I.*, Paderborn: Junfermann-Verlag.

Pütz, R. M. (1981). *Kunsttherapie Bd. I Die Maltherapie*. Bielefeld: W. Bertelsman Verlag.

Read, H. (1998). 朴容淑 옮김. 藝術의 意味. 서울: 文藝出版社.

Richter, H.- G. (1984). *Pädagogische Kunsttherapie.* Düsseldorf: Schwann.

Riedel, I. (1985). *Formen.* Stuttgart: Kreuz Verlag.

Riedel, I. (1998). *Hildegards Sophia-Vision.* In. Forster, Ae. Hildegard von Binggen, Prophetin durch die Zeiten. Freiburg: Herder. 406-418.

Rosenberg, A. (1975). *Christliche Bildmeditation.* München: Kösel Verlag.

Schibler, G. (1999). *Kreativ-emanzipierende Seelsorge.* Stuttgart: Kohlhammer Verlag.

Schiller, F. (1965). *Über die ästhetische Erziehung des Menschen.* Stuttgart: Reclam.

Schmeisser, M. (1997). *In der Mitte leben.* Freiburg: Eschbach Verlag.

Schuster, M. (1993). *Kunstpsychologie.* Hohengehren: Schneider-Verl.

Siegel, B. S. (2002). 황보석 옮김. 사랑+의술=기적. 서울: 이레.

Shafranske, E. (2000). Religious involvement and professional practices of psychiatrists and other mental health professional. *Psychiatric annals. 30.* 525-532.

The Journal of the American Art Therapy Association(1995). 13(1). 5.

Thies, J. (1997). *Kunsttherapie und erfahrbare Religiosität.* In. Baukus, P. & Thies, J. Kunsttherapie. 325-334. Stuttgart: Gusttav Fischer.

Trungpa, C. (2002). Der Mythos Freiheit und der Weg der Meditation. (Hrg.): Baker, J & Casper, M. The Myth of Freedeom and the Way of Meditation. Berlin: Theseus Berl.

Van Gogh. V. (1999). 신성림 옮김. 반 고흐, 영혼의 편지. 서울: 예담.

Von Franz. M. -L. (1982). *Der Individuationsprozess.* In. Jung, C. G. Der Mensch und seine Symbole. Olten und Freiburg in Breisgau: Walter-Verlag. 160-231.

Walsh, R. N., Vaughan, F. (1987). *Psychologie in der Wende. Grundlagen, Methoden, Ziele der Transpersonalen Psychologie.* Hanburg: Reinbek.

Wilber, K. (2006). 박정숙 옮김. 의식의 스펙트럼. 서울: 범양사.

Wilber, K. (2007). 조효남 옮김. 감각과 영혼의 만남. 서울: 범양사.

세계보건기구(WHO) 건강정의 www.who.int/entity/bulletin_board/83/ustun

실제편 참고문헌

■ 실제편 참고 내용은 필자가 만다라 주제에 맞춰 활동과정만 인용하면서 수정 · 보완하거나 제목을 변경하여 사용한 부분이 있음

* 이완 연습과 상상 여행 편

Dahlke, R. (2002). *Tiefenentspannung*. München: Goldmann Verlag.

Hund, W. (1998). *Der Mandala Workshop*. Mülheim: Verlag an der Ruhr.

4. 최초의 나의 집

Vopel, K. W. (1996). *Kinder ohne Stress*. Salzhausen: iskopress.

5. 내안의 빛

Vopel, K. W. (1996). *Kinder ohne Stress*. Salzhausen: iskopress.

6. 나의 자원

Baer, U. (2004). *Gefühlssterne Angstfresser Verwandlungsbilder*. Neukirchen-Vluyn: Affenkönig Verl.

8. 나에게 지혜를 주는 분

Leuner, H. (1994). *Lehrbuch der Katathym-imaginativen Psychotherapie*. Bern: Hans Huber.

12. 사 원소 집단 만다라

Aissen-Crewett, M. (1997). *Kunst und Therapie mit Gruppen*. Dortmund: modernes lernen.

17. 만다라 CD 케이스

정여주(2003). 미술치료의 이해. 서울: 학지사.

18. 미완성 만다라

Hund, W. (1998). *Der Mandala Workshop*. Mülheim: Verlag an der Ruhr.

21. 미로 만들기

Leutkart, C., Wieland, E., Wirtensohn-Baader, I. (Hrsg.): 2004. Kunsttherapie aus der Praxis für die Praxis. Dortmund: modernes lernen.

22. 미로걷기(『아리아드네의 실타래』 내용)

이윤기(2000). 그리스 로마신화. 서울: 웅진닷컴.

24. 개인 의학바퀴(36개 돌이 지닌 정신과 문양)

Preuschoff, G. (1998). *Kinder mit Mandalas zur Stille führen*. Freiburg in Breisgau: Herder.

30. 감정 만다라 1

Baer, U. (2004). *Gefühlssterne Angstfresser Verwandlungsbilder*. Neukirchen-Vluyn: Affenkönig Verl.

34. 색모래 만다라

Rose, E. M., & Rose Dalto A. (2003). *Mandals aus Sand*. München: Heinrich Hugendubel Verlag.

45. 알(상상여행 인용 및 수정)

Hund, W. (1998). *Der Mandala Workshop*. Mülheim: Verlag an der Ruhr.

찾아보기

❖ 인명 ❖

❖ 내용 ❖

저자 소개

정여주

독일 쾰른 대학교 교육학 석 · 박사
미술치료 전문가, 아동심리치료 전문가, 아동상담 전문가
전 서울여자대학교 교수, 원광대학교 초빙교수, 동국대학교 겸임교수
현 정여주미술치료연구소(www.jbaum.kr) 소장

〈주요 저 · 역서 및 논문〉

저서: 미술교육과 문화(3판, 공저, 학지사, 2012), 만다라 그리기 시리즈(학지사, 2007), 노인미술치료(학지사, 2006), 미술치료의 이해(학지사, 2003), 만다라와 미술치료(학지사, 2001), 상호작용놀이를 통한 집단상담(공저, 학지사, 2001)

역서: 정신분석적 미술치료(공역, 학지사, 2011), 치유로서의 그림(학지사, 2006), 그림 속의 나(공역, 학지사, 2004), 루돌프 슈타이너의 인지학 예술치료(공역, 학지사, 2004), 색의 신비(학지사, 2004), 융의 분석심리학에 기초한 미술치료(학지사, 2000)

논문: Therapeutic Aspects of Arts Education for Highschool Students with Delinquency(2009, Research Institute of Curriculum Instruction, 25)

아동정서 및 공격성에 따른 공간사용 유형[2009, 미술치료연구, 16(1)]

아동의 정서와 색채 관계 및 선호색[2008, 미술교육논총, 22(1)]

만다라 그림과 난화기 원의 치료적 의미에 대한 관계고찰[2007, 미술치료연구, 14(1)]

집단미술치료가 저소득층 아동의 우울과 자아존중감에 미치는 영향[2007, 아동학회지, 28(4)]

통합예술치료가 인터넷 중독 고교생의 인터넷 사용조절과 자기통제에 미치는 영향[2007, 미술치료연구, 15(3)]

만다라 미술치료 이론과 실제

2013년 1월 30일 1판 1쇄 발행
2016년 9월 20일 1판 2쇄 발행

지은이 • 정 여 주

펴낸이 • 김 진 환

펴낸곳 • (주) 학지사

04031 서울특별시 마포구 양화로 15길 20 마인드월드빌딩 5층

대표전화 • 02) 330-5114　　팩스 • 02) 324-2345

등록번호 • 제313-2006-000265호

홈페이지 • http://www.hakjisa.co.kr
페이스북 • https://www.facebook.com/hakjisabook

ISBN 978-89-6330-565-3 93180

정가 15,000원